Anonymous

Hochfürstlich Augspurgischer Kirchen- und Hof-Calender

Anonymous

Hochfürstlich Augspurgischer Kirchen- und Hof-Calender

ISBN/EAN: 9783743657786

Hergestellt in Europa, USA, Kanada, Australien, Japan

Cover: Foto ©ninafisch / pixelio.de

Weitere Bücher finden Sie auf **www.hansebooks.com**

Hochfürstl. Augsburgischer Kirchen- und Hof-Kalender

In welchem
Alle Pontifikal-Feste,
und Galla-Täge,
Dann Ihro
Churfürstl. Durchlaucht
Und sämtlicher Gnädiger
Herren Dom-Kapitularen Höchst
und Hohe Nämen
Der
Hochfürstl. Hof-Staat,
Geistliche und Weltliche Dikasterien,
Nebst Hochfürstl. Augsburgischen
Stadt- und Land-Aemtern,
zu ersehen.
Gnädigstem Befehl zu Folge,
Im Druck heraus gegeben
Auf das Gemein-Jahr
Nach gnadenreicher Geburt unsers
Heylandes JESU Christi.
M. DCC LXXXX.

Augsburg,
Gedruckt bey Joseph Simon Hueber, Hochfürstl. Bischöfl.
und Stadt-Buchdrucker, auf U. L. Fr. Thor.

Gewöhnliche Kirchen-Rechnung.

In welcher die goldene Zahl ist 5.
Der Sonnenzirkel 7.
Epakt. oder Mondszeiger 14.
Der Römer Zinszahl 8.
Der Sonntags-Buchstaben C.
Zwischen Weyhnachten und der Herrn Faßnacht seynd 7. Wochen, und 2. Täg.

Die Vier Quatember.

Den 24. 26. 27. Febr.
Den 26. 28. 29. May
Den 15. 17. 18. Sept.
Den 15. 17. 18. Dec.

Die Sonn- und Monds-Finsternissen.

In diesem Jahr ereignen sich 6. Finsternissen, als 4. an der Soñe und 2. am Vollmonde. Deren uns aber nur 2. am Vollmond sichtbar sind die erste an der Soñe ist den 14. Apr. vor der Sonne Aufgang, uns also unsichtbar, die 2. geschiehet den 4. May, und ist nur in den mittäglichen Gegenden von neu Holland, und Seeland zu beobachten. Die 3. ereignet sich den 8. October vor Aufgang der Sonne und uns wider unsichtbar Endlich die 4. ist den 6. November und nur in den mitternächtlichen America zu beobachten. Die erste Mondsfinsternus ist den 29. Apr. im 16 Grad des Scorpions an dem ecliptischen Puncto des Drachenschweif, der Anfang ist den 28. vor Mitternacht um 11. Uhr 3 min. die Mitte um 12. Uhr 55 min. und das Ende um 2. Uhr 47. min. Sie ist in ganz Europa, Africa, einen grossen Theil von Asia, in ganzen mittägigen America, und einen grossen Theil des mitternächtigen America gegen Aufgang sichtbar. Die 2. ist den 23. October im 5. Grad des Stiers an dem ecliptischen P. Drachenschweif der Aufgang ist den 29. October vor Mitternacht um 11. Uhr 49. min. die Mitte um 1. Uhr 45. min. das Ende um 3. Uhr 42. min. Sie kann in allen Welttheilen, nur bei orientalische Küsten Asiens ausgenommen, beobachtet werden.
Alma.

Allmanach auf das Gemein-Jahr nach der gnadenreichen Geburt Unsers HErrn und Seeligmachers JESU Christi.

M. DCCLXXXX.

Auf das zweyte nach dem zwey und zwanzigsten Schalt-Jahr dieses achtzehenden SÆCULI.

Von Erhebung Ihro Päbstl. Heiligkeit PIUS VI.	16.
Von Höchst. Dero Geburt den 27. Dec. 1718.	
Von Krönung Ihro Röm. Käyserl. Majestät JOSEPHUS II.	27.
Von Höchst. Dero Geburt den 13. Martii 1742.	
Von Erwählung Ihro Churfürstlichen Durchlaucht CLEMENTIS, als Churfürsten zu Trier.	23.
Als Koadjutorn zu Augsburg.	27.
Vom Höchsten Regierungs-Antritt.	28.
Von Höchst. Dero Geburt den 28. Sept. 1740.	
Von Erschaffung der Welt	5738.
Von der allgemeinen Sünd-Fluth	4082.
Von Verderbung der Städte Sodoma, ꝛc.	5691.
Von Anfang des Römischen Reichs unter JULIO CÆSARE dem Ersten Röm. Käyser	1835.
Von Erbauung der Stadt Rom	2536.
Von Vereinigung beeder Kalender	90

JANUARIUS hat XXXI. Tag.

Freytag	1 Neu-Jahr, ●7.V.	
Samstag	2 Macarius Gelobt	

Da Herod. gestor. war, Matth. 2.

Sontag	3 C. Genov. fey Jesus	
Montag	4 Titus B. Christus in	
Dienstag	5 Telesphor Ewigkeit	
Mitwo	6 H. 3. König Amen.	
Donerst.	7 Lucianus M.	
Freytag	8 Erhardus B. ☾ 3.V.	
Samst a	9 Juliana Basilissa	

Als Jes. 1. Jahr alt war, Luc. 2

Sontag	10 C. Paulus Eins.	
Montag	11 Hoginus	
Dienstag	12 Satyrus Arcadius	
Mittwoch	13 Hilarius B.	
Donerst.	14 Felix P.	
Freytag	15 Maurus A. ●8.V.	
Samstag	16 Marcellus P.	

Von der Hochz zu Cana, Joh. 8.

Sontag	17 C2. Nam JEsu F.	
Montag	18 Petr. Stulf. z. Rom.	
Dienstag	19 Canutus K.	
Mitwoch	20 Fab. u. Seb.	
Donerst.	21 Agnes J.	
Freytag	22 Vincent. Anastas.	
Samstag	23 Mar. Verm ☽ 10 N.	

Als Jes.v.Berg herabst. Matth. 8

Sontag	24 C3. Timotheus B.	
Montag	25 Pauli Bekehr.	
Dienstag	26 Polycarpus B.	
Mitwoch	27 Johan Chrysost.	
Donerst.	28 Carolus Magn.	
Freytag	29 Franciscus Salesius	
Samstag	30 nb launda F. ●8.V.	

V. Hauß u Arbeit. Matth. 20.

Sontäg	31 C. Sept. Petr Rol.	

Monds-Bruch.

Der ● Vollm. erscheinet den 1. dieses frühe vor 8. Uhr, im Zeichen der Krebse, mit Wind und Schnee.

Das ☾ letzte Viertel nimt ab den 8. dieses früh nach 3. Uhr, im Zeichen der Waag, mit leidentlichen Wetter.

Der ● Neumond fängt an den 15. dieses früh gegen 3. Viertel auf 8. Uhr, im Zeichen des Steinbock, mit glinder Witterung.

Das ☽ erste Viertel wachset an den 23. dieses früh gegen 3. Viertel auf 10. Uhr, im Zeiche des Stiers, neiget auf Kälte.

Der ● Vollmond ist den 30. dieses Nachmittags, vor halb 8. Uhr, im Zeichen des Löwen, mit geling der Witterung.

Pontifikal-Feste, und Galla-Täge.

An dem Neuen Jahrsfeste der Beschneidung Jesu Christi Pontificiren Ihro Churfürstl. Durchlaucht in allhiesiger Domkirche.

Am Feste der Heil. drey Königen, oder Erscheinung Christi Pontificieren Ihro Churfürstl. Durchlaucht wiederum wie den ersten.

Den 1. als an dem Neujahre ist große Galla: und wann Seine Churfürstl. Durchlaucht im Hochstifte anwesend, so erscheinet der Hofstaatt mit den Dikasterien um 10. Uhr am Hofe, wornach der Hofstaat und die Dicasterien zum Churfürstl. Handkuße gnädigst zugelassen werden. In Abwesenheit Sr Churfürstl. Durchlaucht aber werden Höchstdenselben die Glückwünsche bey der Hohen Statthalterschaft abgeleget.

Nachmittag um 5. Uhr, ist in der Hofkapelle die gewöhnliche Abends-Andacht, und wird selbige alle Sonn- und Feyertäge, wann Ihro Churfürstl. Durchlaucht zugegen sind, das ganze Jahr hindurch gehalten.

FEBRUARIUS hat XXVIII Täg.

Montag	1	Ignatius B.
Dienstag	2	Mariä Lichtmeß
Mittwoch	3	Blasius B.
Donerst.	4	Veronica J.
Freytag	5	Agatha J.
Samstag	6	Dorothea J. (11.V.

V. guten Saam. n. Säem. Luc. 8

Sontag	7	L. Sep. Romualdus
Montag	8	Johan. de Matha
Dienstag	9	Apollonia J.
Mittwoch	10	Scholastica J.
Donerst.	11	Euphrosina J
Freytag	12	Eulalia J.
Samstag	13	Agabirus Jordan.

Jes. macht einen Blind seh. Luc. 18

Sontag	14	L. Quinq. H. Faßn
Montag	15	Faustin. V. ●1.V.
Dienstag	16	All. Faßnacht
Mittwoch	17	Ascherm. Donat.
Donerst.	18	Simeon B. ●
Freytag	19	Conradus Placidus
Samstag	20	Eleutherius P.

J. f. ward v. Teufel vers. Matth. 4

Sontag	21	C 1. Inv. Eleonora
Montag	22	Pet. St. z. A. ☽6 V.
Dienstag	23	Walburga J.
Mittwoch	24	S. Qu. t. Mathias
Donerst.	25	Primit.
Freytag	26	S. Dionysius B.
Samstag	27	S. Leander B.

V. der Verkl. Christi, Matth. 17.

Sontag	28	C 2 Rem. Roman.

Monds-Brüche.

Das letzten Viertel nimt ab den 6. dieses Vormittag um 11. Uhr im Zeichen des ♏ Scorpions, mit anhaltender gelinder Witterung.

Der ● Neumond tritt ein den 14 dieses fürh geg. 3. Viertel auf 2. Uhr im Zeichen der ♓ Fische deutet auf Schnee und Wind.

Das ☽ erste Viertel nimt zu den 22 dieses frühe vor 7. Uhr, im Zeichen der ♊ Zwilling bringt windig und gelind Wetter.

Pontifikal Feste, und Galla-Täg

✝✝✝✝✝✝✝✝✝✝✝✝✝✝✝✝✝✝✝✝✝✝✝✝✝✝✝✝✝✝✝✝

Am Feste der Reinigung Mariä Pontifciren Ihro Churfürstl. Durchlaucht, in dero   omkirche.
mitags ist die Kerzenweyhe, und Nachmittags der
schluß.

Die ganze Fasten hindurch wird in der Hoffkape
alle Mitwoch (den in der Charwoche ausgenomm
ein musikalisches Stabat, oder Miserere mit sakram
talischem Segen gehalten.

MARTIUS hat XXXI. Tág.

Montag	1	Albinus B. ☽ 6. U.
Dienstag	2	Simeon B.
Mitwoch	3	Kunigunda K.
Do e. st.	4	Casimirus
Freytag	5	Fridericus Adrian
Samstag	6	Victorinus

Jes. treibt 1 Teufel aus. Luc. 11.

Sontag	7	C. Oculi ☾ 10. U.
Montag	8	Johan. de Deo
Dienstag	9	Fran isca Romana
Mitwoch	10	Mrtf. 40. Rit. M.
Donerst.	11	Rosina
Fr. yt g	12	Gregori s P. K L.
Samstag	13	Euphrasia J.

Jes. speiß 5000. Mann, Joh. 6

Sontag	14	C. u. Lät Mathildis
Montag	15	Longinus ● 8. U.
Dienstag	16	Heribertus B.
Mitwoch	17	Gertrudis J.
Donerst.	18	Cyrillus B.
Freytag	19	Josephus
Samstag	20	Nicetas B.

Die Juden wolt. Jes. stein. Joh. 8

Sontag	21	C, Jud. T. u. N. gl
Montag	22	Epimachus Frühl.
Dienstag	23	Victor. ☽ 10 U. Anf
Mitwoch	24	Gabriel Erz-Engel
Donerst	25	Maria Verkünd
Freytag	26	Maria 7. Schm.
Samstag	27	Rupertus B.

V der Einrett Christi, Matth. 21

Sontag	28	C 6. Palm-Tag
Montag	29	Armogastus
Dienstag	30	Quirinus M. ● 4. U.
Mitwoch	31	Balbina J.

Monds-Brüche.
Monds-Brüche.

Der ● Vollmond fängt an den 1. dieses Nachmittag um 6. Uhr, Zeichen der ♍ Jungfrau, bringet Nebel, und Sonnenschein.

Das ☾ lezte Viertel tritt ein den 7. dieses Nachmittag um 10 Uhr, im Zeichen des ♐ Schüzen, mit Nebel, und Sonnenschein, u. Wind.

Der ● Neumond entstehet den 15. dieses Nachm. nach 1. Viertel auf 9. U. im Zeich. der Fische deutet auf Schnee.

Das ☽ erste Viertel nimt zu den 23. dieses Nachmittag um halb 11. U im Zeich. der Zwilling. ngenehm Wetter.

Der ● Neumond ist den 30. dieses Nachm. nach 4. Uhr im Zeichen der ♎ Waag, mit angenehm Wetter.

Pontifikal-Feste, und Galla-Täge

Am Feste der Verkündigung Mariä Pontificieren Sr Churfürstl Durchlaucht in Dero Domkirche.

An dem Palmsonntag erheben sich Ihro Churfürstl Durchlaucht mit Höchst Dero Hofstatt nach dem Dom und wohnen der Predig, der Palmsegnung, der Procession, und dem Hochamte bey.

Mitwoch frühe um 8. Uhr verrichtet der ganze Hofstaat in der Hofkapelle die österliche Beicht, und Heil Communion, welche leztere Ihro Churfürstl. Durchlaucht Höchst Selbst auszutheilen geruhen.

Gegen 5. Uhr Abends werden in der Domkirche die sogenannten tenebræ gehalten, welchen Se. Chrfürstl Durchlaucht mit gesammtem Hofstaate beywohnen.

An dem grünen Donnerstage früh um halb 8. Uhr, erheben sich Ihro Churfürstl Durchlaucht mit gesammtem Hofstaate nach dem Dom, halten allda das gewöhnliche hohe Amt, und weyhen den Heil. Chrysam, begleiten hernach in Procession das Allerheiligste nach dem hintern Chor wohnen der Vesper bey, und begeben sich von da mit gesammtem Hofstaate zu Fuß nach Hofe zurück.

Gegen 11. Uhr Mittags geruhen Ihro Churfürstl. Durchlaucht in dem großen Speißaal. 12. alten Männern die Füße zu waschen, und ihnen an einer besondern Tafel unter Bedienung des Hofstaats die Speisen aufzustellen, und mit einem Almosen zu begnädigen.

Abends um 5. Uhr erheben sich Ihro Churfürstl. Durchlaucht mit Dero gesammtem Hofstaate abermalen nach dem Dom, und wohnen der Metten bey.

Am Charfreytage früh um 8. Uhr, erheben sich Ihro Churfürstl. Durchlaucht zu Fuß mit Dero Hofstaat nach dem Dom, und wohnen dem Amte und der Grablegung Christi sowohl in dem Dom als in der St. Johannes Pfarrkirche bey, und begeben sich von da nach Hof zurücke.

Pontifikal-Feste, und Galla Täge

Allwo, nachdem inzwischen das Allerheiligste auch in der Hofkapelle in das Grab beygesetzet worden ist, die Bethstunden angefangen; und von Churfürstl. Herren Ministeren und Kämmeren, wie auch gesammten Hofstaate in schwarzer Kleidung ohnabläßig fortgesetzt werden.

Um 12 Uhr verfügen sich Ihro Churfürstl. Durchlaucht in Dero Oratorium, gesammter Hofstaat aber in die Hofkapelle, und verrichten allda unter einem musikalischem Oratorium die Anbethung des Gekreuzigten.

Nachmittag um 1 Uhr besuchen Ihro Churfürstl. Durchlaucht mit gesammten Hofstaate unter Begleitung der Leibgarde die Heil. Gräber in der Stadt.

Abends um 6. Uhr wohnen Höchstdieselbe mit Dero Hofstaate der Metten bey.

Von 8. bis 9. Uhr Abends verrichten Ihro Churfürstl. Durchlaucht mit gesammtem Hofstaate in der Hofkapelle unter einem musikalschen Oratorium, die Anbethung des Allerheiligsten.

An dem Charsamstage früh um 3. Viertel auf 9. Uhr erheben sich Ihro Churfürstl Durchlaucht nebst Dero Hofstaat zu Fuß nach dem Dom, wohnen dem gewöhnlichen Amte und der Vesper bey; besuchen nachhero das Allerheiligste bey dem Grabe, und verfügen sich von da zu Fuß nach Hofe zurück.

Allwo Höchstdieselbe von 10. bis 11. Uhr bey dem Heil. Grabe in der Hofkapelle mit gesammten Höchst Dero Hofstaate ihre Bethstund halten.

Nachmittags um 4. Uhr begeben sich Ihro Churfürstl. Durchlaucht nach Dero Oratorium, sämtlicher Hofstaat aber in die Hofkapelle, da wird abermalen ein musikalisches Oratorium und nach Endigung desselben die Auferstehung gehalten.

Am Heil. Ostertag Pontificieren Ihro Churfürstl. Durchlaucht in dero Domkirche.

MA.

MAJUS hat XXXI. Tag.

Samstag	1 Philip. u. Jacob A.	

Ich gehe z. dem, der m geſ. Joh 6

Sontag	2 C4. Cant. Sigism.
Montag	3 Heil. † Erfind.
Dienstag	4 Monica ?.
Mitwoch	5 Pius 5 P.
Donerſt.	6 Joh. v. l. P. ☾ o. V.
Freytag	7 Stanislaus B.
Samſtag	8 Michael Erſch.

So ihr den Vat. etw. bit. Joh. 16.

Sontag	9 C5. Rog. † Woch.
Montag	10 Quart. v. Quint
Dienstag	11 Wunderb. Sacr.
Mitwoch	12 Pancrat. Nereus
Donerſt	13 Himelf. Chriſti
Freytag	14 Bonifat. ● 5. V. unſ
Samſtag	15 Sophia J. Finſt

Wañ der Tröſt komen w. Joh. 15

Sontag	16 C6. Ex Joh. v. Nep
Montag	17 Bruno B.
Dienſtag	18 Felix v. Cant.
Mitwoch	19 Petrus Cöleſtinus
Donerſt.	20 Bernardin Sen.
Freytag	21 Ubald. ☽ 5. N ● U
Samſtag	22 F. Baſiliſcus M.

Wer m. liebt d. hält m. W. Joh. 14

Sontag	23 C.H. Pfingſt Tag
Monta.	24 Pfingſtm. Johaña
Dienſtag	25 Pfingſtd. Urbanus
Mitwoch	26 F. Quat. Phil. Ner
Donerſt.	27 Johannes P.
Freytag	28 F. Germanus ● 8. V.
Samſtag	29 F Maximinus B.

Mir iſt geb. all. Gewalt Matth 28

Sontag	30 C. 1. Heil. Dreyf.
Montag	31 Petronella J.

Monds-Brüche.

Das ☾ letzte Viertel iſt den 6. dieſes frühe gegen 1. Uhr, im Zeichen des ♒ Waſſermanns neiget auf unſtete Witterung

Der ● Neumond iſt den 14. dieſes frühe nach 5. Uhr in Zeichen des ♉ Stiers, mit einer unſichtbaren Finſternus, bringet warm u. zu Donner geneigte Witterung.

Das ☽ erſte Viertel iſt den 21. dieſes Nachmittag um 5. Uhr im Zeichen des ♌ Löwen, bringet auf ſtürm. ſ. v eine angenehme Witterung.

Der ● Vollmond erſcheint den 28. dieſes frühe um 8. Uhr, im Zeichen des ♐ Schützens, bringet eine ungeſtümme Witterung.

Pontifikal-Feste, und Galla-Täge

Am Feste der Himmelfahrt Christi Pontificieren Ihr Churfürstl. Durchlaucht in Dero Domkirche

JUNIUS hat XXX. Tåg.

Dienstag	1 Simeon Eins.	
Mittwoch	2 Erasmus B.	
Doner	3 Fronleichnam	
Freytag	4 Optatus Quir. ☾ 4.17	
Samstag	5 Bonsa ius B.	

Vom grossen Abendmahl Luc 14
Sontag	6 C. 2. Norbertus B.	
Montag	7 Robertus B.	
Dienstag	8 Medardus B.	
Mittwoch	9 Primus Felicianus	
Donerst.	10 Margaritha K.	
Freytag	11 Herz Jesu Fest	
Samstag	12 Joh. St. Fac. ● 6.17	

Vom verlohr. Schaaf, Luc. 15
Sontag	13 C.3. Ant. v. Pad.	
Montag	14 Basilius B.	
Dienstag	15 Vitus M.	
Mittwoch	16 Benno B.	
Donerst.	17 Renerus Adolph.	
Freytag	18 Marcus Marcellus	
Samstag	19 Gervasius ☽ 10.17	

Vom grossen Fischz. Petri Luc. 5.
Sontag	20 C.4. Sylverius P.	
Montag	21 Aloys. Gonz.	
Dienstag	22 Achatius M. längst.	
Mittwoch	23 F. Edeltr. Tag Sosn.	
Donerst	24 Joh. Tauf. Anf.	
Freytag	25 Prosper. Gallus	
Samstag	26 Joh. u. Paul. ● .17.	

V. der Phar. Gerechtigk Matth. 5
Sontag	27 C.5.7. Schläfer M.	
Montag	28 F. Leo 2. P.	
Dienst.	29 Peter u. Paul. A.	
Mittwoch	30 Pauli Gedächtniß	

Monds-Brüche:

Das ☾ letzte Viertel ist den 4. dieses Nachm. nach halb 5. Uhr, im Zeichen der Fisch, eine feine, u. warme Witterung

Der ● Neumond ist den 12. dieses Nachm. um 6 Uhr, im Zeichen der ♊ Zwillinge, neiget auf Regen.

Das ☽ erste Viertel ist den 19 dieses Nachm. gegen 10. Uhr, im Zeichen der ♍ Jungfrau deutet auf Doñer und Regen.

Der ● Vollmond erscheint den 26. dieses Nachm. um 5. Uhr, im Zeichen des ♑ Steinbocks, bringet auf Regen, fein warm Wetter.

Pontifikal-Feste, und Galla-Täge.

✱✱✱✱✱✱✱✱✱✱✱✱✱✱✱✱✱✱✱

Am Heil. Pfingstag Pontificieren Sr. Churfürstl. Durchlaucht in dero Domkirche.

Am Fronleichnamsfeste ist bey Hofe große Galla, Ihro Churfürstl. Durchlaucht geruhen während der feyerlichen Procegion das Sanctissimum unter dem von denen Churfürstlichen Herren Kämmereu gehaltenen Himmel Höchst Selbst zu tragen, wobey auch der ganze Hofstaat in obgemelter Galla zu erscheinen hat.

Während der Octav ist Vormittag um 11. Uhr in der Hofkapelle musikalische Meß mit sakramentalischer Segen.

JULIUS hat XXXI. Tåg.

Donerst.	1 Theodoricus Abt	
Freytag	2 Mariå Heimsuch.	
Samstag	3 Anatolius B.	

Jes. erb. sich des Volks, Marc 8.

Sontag	4 C.6. Udalricus C.9.V	
Montag	5 Elisabetha K.	
Dienstag	6 Jsaias Pr.	
Mitwoch	7 Wilibaldus B.	
Donerst.	8 Kilianus B.	
Freytag	9 Cyrillus B.	
Samstag	10 7. Brüder M.	

V. falschen Propheten, Matth. 7.

Sontag	11 C. 7. Pius 1. P.	
Montag	12 Joh Gualb. ●6.V.	
Dienstag	13 Margaretha J.M.	
Mitwoch	14 Bonaventura K. L	
Donerst.	15 Apost. Theil.	
Freytag	16 Faustus M.	
Samstag	17 Alexius Pilgr.	

V. ungerecht Haußhalt. Luc 16.

Sontag	18 C.8. Scapulier F.	
Montag	19 Arsenius) 3.V.	
Dienstag	20 Elias Pr.	
Mitwoch	21 Praxedis Daniel	
Donerst.	22 Maria Magdal.	
Freytag	23 Apollinaris B. ●●.	
Samstag	24 Christina J. ⚔ unds.	

Jes. weinet über Jerusal. Luc. 19

Sontag	25 C. 9. Jacobus Ap.	
Montag	26 Anna M. M. ●3.V.	
Dienstag	27 Panthaleon W. Anf.	
Mitwoch	28 Nazarius Celsus M.	
Donerst.	29 Martha J.	
Freytag	30 Abdon. Senensis	
Samstag	31 Ignatius Losola	

Monds-Brüche.

Das Letzte Viertel ist den 4. dieses früh nach halb 10. Uhr, im Zeichen des Widers, bringt auf stürmisch, fein warm.

Der ● Neumond tritt em den 12. dieses früh um 6. Uhr, im Zeichen des Krebsens, warm u. zu Donner geneigt.

Das Jerste Viertel folgt den 19. Ses frühe gege halb 4. Uhr um Zeichen des Scorpions deuter auf sehr heis.

De ● Vollmond e. scheint den 26. dieses frühe um 4. Uhr im Zeichen des Wassermanns, mit warmen un zu Donner geneigtem Wetter

Pontifikal-Feste, und Galla-Täge.

-*****************

Am Feste der Heimsuchung Mariä Pontificiren Ihro Churfürstl. Durchlaucht in Dero Domkirche.

JULIUS hat XXXI. Tag.

Donerst.	1 Theodoricus Abt	
Freytag	2 Maria Heimsuch.	
Samstag	3 Anatolius B.	

Jes. erb. sic des Volks, Marc 8.

Sontag	4 C. 6. Udalricus C 9. V
Montag	5 Elisabetha K.
Dienstag	6 Jaias Pr.
Mitwoch	7 Willibaldus B.
Donerst.	8 Kilianus B.
Freytag	9 Cyrillus B.
Samstag	10 7. Brüder M.

V. falschen Propheten, Matth. 7.

Sontag	11 C. 7. Pius 1. P.
Montag	12 Joh Gualb. ● 6. V.
Dienstag	13 Margaretha J. M.
Mitwoch	14 Bonaventura K. L
Donerst.	15 Apost. Theil.
Freytag	16 Faustus M.
Samstag	17 Alexius Pilgr.

V. ungerecht Haußhalt. Luc 16.

Sontag	18 C. 8. Scapulier F.
Montag	19 Arsenius ☽ 3. V.
Dienstag	20 Elias Pr.
Mitwoch	21 Praxedis Daniel
Donerst.	22 Maria Magdal.
Freytag	23 Apollinaris B. ●
Samstag	24 Christina J. und

Jes. weinet über Jerusal. Luc. 19

Sontag	25 C. 9. Jacobus Ap.
Montag	26 Ana M. M. ● 3. V.
Dienstag	27 Panthaleon M. Anf.
Mitwoch	28 Nazarius Celsus M.
Donerst.	29 Martha J.
Freytag	30 Abdon. Senensis
Samstag	31 Ignatius Losola

Monds-Brüche.

Das Letzte Viertel ist den 4. dieses früh nachhalb 10. Uhr, im Zeichen ♈ Widders, bringt auf stürmisch, sein warm.

Der ● Neumond tritt ein den 12. dieses früh um 6. Uhr, im Zeichen des ♋ Krebsens, warm u. zu Donner geneigt.

Das Jerste Viertel folgt den 19. dieses frühe gegen halb 4. Uhr im Zeichen des ♏ Scorpions deutet auf sehr heis.

De ● Vollmond escheint den 26. dieses frühe um 4. Uhr im Zeichen des ♒ Wassermanns, mit warmen un zu Doner geneigtem Wetter

Pontifikal-Feste, und Galla-Täge.

✱✱:✱✱✱✱✱✱✱✱✱✱✱✱✱✱✱✱✱

Am Feste der Heimsuchung Mariä Pontificiren Ihro Churfürstl. Durchlaucht in Dero Domkirche.

AUGUSTUS hat XXXI. Tág.

V Pharisäer, u. Public. Luc. 18.

Sontag	1 C 10. Petr. Kettenfeyer	
Montag	2 Portiuncula Abl.	
Dienstag	3 Stephan. Erf. ☾ 2. V.	
Mitwoch	4 Dominicus Ordst.	
Donerst.	5 Mariä Schnee	
Freytag	6 Verklähr. Christi	
Samst.	7 Afra J. M.	

V Trauben, u. Stumen, Marc. 7.

Sontag	8 C. 1. Cyriacus M.	
Montag	9 Cajetanus M.	
Dienstag	10 Laurentius ● 3 M	
Mitwoch	11 Tiburtius Susanna	
Donerst.	12 Hilaria Clara J.	
Freytag	13 Hyppoltus Casian.	
Samstag	14 F. Eusebius M.	

V. Priest Lev. u Samar. Luc. 10.

Sontag	15 C 12. Mariä Himelf	
Montag	16 Rochus	
Dienstag	17 Liberat. Clar. ☽ 8. V.	
Mitwoch	18 Agabitus Helena	
Donerst.	19 Ludovicus S bald.	
Freytag	20 Berna. dus Abt,	
Samstag	21 Joh. Reginal.	

Von den 10. Aussätzigen, Luc. 17

Sontag	22 C 3 Joachim	
Montag	23 Philip. Benit	
Dienstag	24 Barthol. A. 4 M	
Mitwoch	25 Lu o K. K. Hundst.	
Donerst.	26 Zephyrinus Ende	
Freytag	27 Gebhardus	
Samstag	28 Augustinus B. K. L.	

Niemand k 2. Hin dien Matth. 6.

Sontag	29 C 14. Schuz Engel f.	
Montag	30 Rosa Lima	
Dienstag	31 Raymundus Non.	

Monds-Brüche.

Das Letzte Viertel tritt ein den 3. dieses frühe um 2. Uhr im Zeichen des ♉ Stiers, deutet auf Regen, und Wind.

Der ● Neumond tritt ein den 10. dieses Nachmittag nach halb 4. Uhr, im Zeichen des ♌ Löwen, folget auf Regen, warm Wetter.

Das Jerste Viertel wächst an den 17. dieses frühe um 8. Uhr, im Zeichen des ♏ Scorpions, neiget auf Donner.

Der ● Vollmond erscheinet den 24 dieses Nachmittag nach halbe 5. Uhr, im Zeichen des ♒ Wassermanns folget auf warm u. unbeständig Wetter.

Pontifikal-Feste, und Galla-Täge.

Am Feste der Himelfahrt Mariä Pontificiren Ihro Churfürstl. Durchlaucht in Dero Domkirche.

SEP-

SEPTEMBER hat XXX. Tåg.

Mitwoch	1 Egidius Abt, ☾ 8.27	♒
Donerst.	2 Stephanus K.	♒
Freytag	3 Seraphia J. ℞	♓
Samstag	4 Rosalia J.	♓

Monds-Brüche.

V.d.Witt. Sohn zu Nain, L. 17

Sontag	5 ☾ 15. Victor. Laur. Just	
Montag	6 Magnus Abt.	
Dienstag	7 Regina J. M.	
Mitwo	8 Mariå Geburt	
Donerst.	9 Corbinianus ● o. ♉	
Freyta	10 Nicolaus v Tol.	
Samstag	11 Prothus Hyacinth.	

Das Letzte Viertel ist den 1. dieses Nachmit. nach halb 9. Uhr, im Zeichen der ♊ Zwillingen, folget auf Regen, fein warm Wetter.

V. dem Wassersüchtigen, Luc. 14.

Sontag	12 ☾. 16. N. N. N. F. U. L	
ontag	13 Maternus (F. Dreys	
Dienstag	14 Heil. † Erhöh.	
Mitwoch	15 S. Quat. ☽ 3. N.	
Donerst.	16 Cornelius	
Freytag	17 S. F anciscus Wund.	
Samstag	18 S. Thomas v. Vill.	

Der ● Neumond fänget an den 9. dieses frühe um 0. Uhr, im Zeichen der ♍ Jungfrau, hält mit seinem Wetter an.

V.d. grösten Geboth Matth 22.

Sontag	19 ☾. 17. Januarius	
Montag	20 Eustachius	
Dienstag	21 Matthäus-Ap	
Mitwoch	22 Mauritius M. ● 5♌	
Donerst	23 Thecla ● 7 V. T. u. T.	
Freytag	24 Rupertus gl Herbst.	
Samstag	25 Cleophas Anf.	

Das ☽ erste Viertel erscheint den 15. dieses Nachmittag vor 4. Uhr im Zeichen des ♐ Schützen, mit fordaurender warmer Witterung.

Vom Gichtbrüchigen Matth. 9.

Sontag	26 ☾. 18. Cyprianus	
Montag	27 Cosmas Damian.	
Dienstag	28 Wenceslaus K.	
Mitwoch	29 Michael Erz E.	
Donerst.	30 Hieronymus K. L.	

Der ● Vollmond entstehet den 23. dieses frühe vor 8. Uhr, im Zeichen des ♈ Widders neigt auf Regen und Wind.

Pontifikal-Feste, und Galla-Täge

Am Feste der Geburt Mariä Pontificiren Ihro
Churfürstl. Durchlaucht in Dero Domkirche

OCTO-

OCTOBER hat XXXI. Tåg.

Freytag	1 Remigius B. (o.V.	
Samstag	2 Leodegarus B.	

Vom Hochzeitl Kleid, Matth 22

Sontag	3 C.19. Rosenkr. Fest	
Montag	4 Franciscus Seraph.	
Dienstag	5 Placidus M.	
Mitwoch	6 Bruno Ordst.	
Donerst.	7 Marcus P.	
Freytag	8 Birgitta ☽9.V uns.	
Samstag	9 Dionysius Finst.	

Vom Königlichen Sohn, Joh. 4.

Sontag	10 C20. Franc. Borg.	
Montag	11 Emilianus	
Dienstag	12 Maximilianus B.	
Mitwoch	13 Sympertus B.	
Donerst.	14 Calistus P.	
Freytag	15 Theresia J ☽2.V.	
Samstag	16 Gallus Abt,	

V des Königs-Rechn Matth. 18

Sontag	17 C 21. Eduardus	
Montag	18 Lucas Ev.	
Dienstag	19 Petrus v. Alcant.	
Mitwoch	20 Caprosius Wendel.	
Donerst.	21 Ursula J. M.	
Freytag	22 Cordula J. ☽	
Samstag	23 Joh. C. ●1.V. uns.	

Vom Zinß-Groschen, Matth 22

Sontag	24 C22. Raphael Finst.	
Montag	25 Crysant Dar.	
Dienstag	26 Evaristus P.	
Mitwoch	27 Sabina J.	
Donerst.	28 Simon, u. Judas	
Freytag	29 Narcissus B.	
Samstag	30 F. Germanus B	

Von des Fü:st. Tochter, Matth 9

Sontag	31 C23. Wolfg. ☽2.V.	

Mond s-Brüche.

Das ☾ letzte Viertel nimt ab den 1 dieses frühe gegen o. Uhr im Zeichen des Krebses, deutet auf Regen.

Der ● Neumond fängt an den 8. dieses frühe ## 9. Uhr im Zeichen der Wag, mit einer unsichtbaren Finsternüß, verhesset ein angenehm Wetter.

Das ☽ erste Viertel wächst an den 15. dieses frühe, um 3.Uhr, im Zeichen des Steinbocks, bringt Nebel, Regen, Wind.

Der ● Vollmond erscheinet den 23. dieses Vormittag, um 1.Uhr, im Zeichen des Stiers mit einer sichtbaren Finsternus.

Das ☾ letzte Viertel ist den 31 dieses frühe nach 2. Uhr, im Zeichen des Löwen, mit gelindem Wetter.

Pontifikal-Feste, und Galla-Täge.

✝✝✝✝✝✝✝✝✝✝✝✝✝✝✝✝✝✝✝✝✝✝

Den 5. October wenn Ihro Churfürstl. Durchlaucht im Lande anw. send sind, wird Vormittags um 11. Uhr in der Hoffca.elle ein musik=lisches Seelenamt gehalten, wegen Weyl. Seiner Königlichen Majestät Friederich August des III. Königs in Pohlen.

NOVEMBER hat XXX. Täg.

Monta.	1 Aller Heiligen,		**Monds-**
Dienstag	2 Aller Seelen Ged.		**Brüche.**
Mitwoch	3 Theophilus Hub.		
Donerst.	4 Carolus Boromäus		Der ●Neumond
Freytag	5 Zacharias Elisabetha		erignet sich den
Samstag	6 Leonhard.●7.N.uns		6. dieses frühe um

V. gut Saam.u.Unkr.Matth. 3

Sontag	7 C24. Willib or. Finst.		5. Uhr, im Zeichen
Montag	8 4.gekr. Mart.		des Schützen,
Dienstag	9 Theodorus M.		mit anhaltendem
Mitwoch	10 Tryphon. Resp.		kalten Regen.
Donerst.	11 Martinus B.		
Freytag	12 Mar inus P.		Das ☽ erste Vier-
Samstag	13 Stanisl. Kostl. ☽ t.N.		tel tritt ein den 13.

Vom Senf-Körnlein, Matth. 1

Sontag	14 C25. Serapion M.		dieses Nachmit-
Montag	15 Leopoldus Edm		tag, gegen 3. Uhr,
Dienstag	16 Othmarus Abt,		im Zeichen der
Mitwoch	17 Gregorius Thaum.		Fische, halten mit
Donerst.	18 Eugenius B.		Regen und Wind
Freytag	19 Elisabetha Landgr.		an.
Samstag	20 Felix v. Val.		

V. Greuel der Verw. Matth 24.

Sontag	21 C26 M. Opf ●8 U.		Der ●Vollmond
Montag	22 Cäcilia J. (●		erscheinet den 21.
Dienstag	23 Clemens P.		dieses Nachmittag
Mitwoch	24 Johan. v. Creuz		nach 2. Uhr, im
Donerst	25 Catharina J. M.		Zwillingen,
Freytag	26 Conradus B.		bringet Kälte u.
Samstag	27 Jacob. Int.		Schnee.

Es werd Z.ich. geschehen, Luc. 21

Sontag	28 C1. Adv. Jacob v M		Das ☾ letzte Vier-
Montag	29 Saturnius ☾ t.N.		tel ist den 29. dieses
Dienstag	30 Andreas Ap.		Nachmittag um 1.

Uhr, im Zeichen
der Jungfrau,
nelget auf Schnee,
Regen, u. Wind.

+

Pontifikal-Feste, und Galla-Täge.

Am Feste, aller Heiligen Gottes Pontificiren Ihro Churfürstl. Durchlaucht in Dero Domkirche Den 17. November wird, wenn Ihro Churfürstl. Durchlaucht im Lande anwesend sind Vormittags um 11 Uhr in der Hofkapelle ein musikalische Seelenamt gehalten, wegen Seiner Königlichen Majestät Königin Josepha von Pohlen.

DECEMBER hat XXXI. Tág.

Mitwoch	1	F. Eligius B.	
Donerst.	2	Bibiana J.	
Freytag	3	F. Franciscus Xaverius	
Samsta.	4	Barbara J.	

Mond s-Brüche.

V. Joh. imGefängn. Matth. 11.

Sontag	5	C.2. Adv. SabbasU.
Montag	6	Nikolaus B. ☾ 5. V
Dienstag	7	Ambrosius B.
Mitw	8	S. Mariä Empf.
Donerst.	9	Eucharius
Freytag	10	F. Mechtad. Judith.
Samstag	11	Damasus P.

Der ● Neumond ereignet sich den 6. dieses frühe um 5. Uhr, im Zeichen des ♐ Schützen, mit anhalt den kalten Regen.

Die Jud schickten zu Joh. Joh 1.

Sontag	12	C.3. Adv. Maxentius
Montag	13	Lucia Ottilia ☽ 2.N.
Dienstag	14	Nicasius B.
Mitwoch	15	S. Quat. Christan.
Donerst.	16	Eusebius
Freytag	17	F. Lazarus B.
Samstag	18	S. Christian Wunib.

Des erste Viertel tritt ein den 13. dieses Nachmittag gegen 3. Viertel auf 4. Uhr, Zeichen der ♓ Fische haltet an mit Regen, und Wind

V. der Stim in der Wüste Luc.

Sontag	19	C.4. Adv. Nemesius
Montag	20	Christianus
Dienstag	21	Thomas Ap. ☉ Er
Mitwoch	22	S. Demetrius kürzt.
Donerst.	23	Victoria J. Tag
Freytag	24	F. Adam Eva Wint.
Samsta	25	Heil. Christ=Tag

Der ● Vollmond ist den 12. dieses Nachmittag nach 2. Uhr, im Zeichen der ♊ Zwillingen bringt Kälte und Schnee.

Joseph, u. Maria verw. sich, Luc. 2

Sontag	26	C. Steph. Erzm.
Montag	27	Joh. Ap. u. Ev.
Dienstag	28	Unsch. Kindl. ☽ 11N.
Mitwoch	29	Thomas B Anf.
Donerst	30	David K
Freytag	31	Sylvester P.

Das letzte Viertel ist den 28 dieses Nachmttag nach halb 12. Uhr im Zeichen der ♎ Waag, neigt auf geliad Wetter.

Pontifikal-Feste, und Galla-Täge.

Am Feste der unbefleckten Empfängniß Mariä Pontificiren Ihro Churfürstl. Durchlaucht in Dero Domkirche.

Am Feste, der Geburt Jesu Christi Pontificiren Ihro Churfürstl. Durchlaucht in Dero Domkirche.

Den 31. wird Abends um 5. Uhr in Hochfürstl. Hoff-Capelle zur Danksagung für alle das Jahr hindurch empfangene göttliche Gnaden eine musikalische Litaney mit nachfolgendem Te Deum nebst sakramentalischem Seegen gehalten.

Seine

Seine
Churfürstl. Durchlaucht
Der
Hochwürdigste-Durchlauchtigste
Fürst-und Herr
HERR
CLEMENS
WENCES-
LAUS
Erzbischof zu Trier,
des
Heiligen Römischen Reichs durch Gallien und das Königreich Arelat
Erzkanzler und Khurfürst,
Bischof zu Augsburg.
gefürsteter Probst, und Herr zu Ellwangen,
Administrator der gefürsteten Abtey Prüm, königlicher
Prinz in Pohlen, und Lithauen. Herzog zu Sachsen,
Jülich, Cleve, Berg, Engern, und Westphalen, Landgraf in Thüringen, Marggraf zu Meissen, auch der Oberund Niedern-Lauß ꝛc. gefürsteter Graf zu Hekeberg,
Graf zu der Mark, Ravensperg, Barby, und
Hanau, Herr zu Ravenstein ꝛc. ꝛc.

In

Infulirtes Hohes Dom=Kapitel zu Augsburg.

Dom=Probst.

Titl. Herr Johann Nepomuck August Ungelter Freyherr von Deissenhausen, Episcopus-Pellensis, Suffraganeus, und Vicarius Generalis auch hochfürstl. augsb. geheimer Rath, und Statthalter.

Dom=Dechant.

Titl. Herr Sigmund Maria Freyherr von Reischach, hochfürstl. augsb. geheimer Rath, und Archidiaconus.

Titl. Herr Maximilian Christoph Augustin Maria Freyherr von Rodt, Jubilæus, des Heil. Röm. Reichs Fürst und Bischof zu Kostanz.

Titl. Herr Franz Bernhard Friederich Ferdinand Bruno Maria Freyherr von u. zu Hornstein, Dom-Scholaster und hochfürstl. augsb. geheimer auch geistlicher Rath, Jubilæus.

Titl. Herr Karl Hanibal Graf von Dietrichstein, Jubilæus.

Titl. Herr Franz Xaver des Heil. Röm. Reichs Fürst von Breuner, Fürst u. Bischof zu Chiemsee, Jubilæus.

Titl. Herr Franz Wilhelm Albrecht Friederich Ferdinand Reichard Freyherr Greiffenklau von Vollraths, Dom-Cellarius, Jubilæus, und Churfürstl. Maynzischer wirkl. geheimer Rath.

Titl. Herr Clemens Ferdinandus des H. R. R. Graf zu Lodron, Dom-Custos, Churfürstl. sächsischer wirkl. geheimer Rath, inful. Probst zu Wiesensteig, des hohen Ritter Ordens St. Georgii in Bayrn Groß-Kreuz und hochfürstl. augsb. geistl. Rath.

Titl.

Titl. Herr Franz Eustach Freyherr von und zu Hornstein, Summus Decanus libere resignat. dann hochfürstl. augsb. geheimer Rath und Konferenz-Minister Dom-Probst zu Freyßagen.
Titl. Herr Johann Carl Freyherr von Riedhelm.
Titl. Herr Johann Euchari Freyherr von Ulm auf Erbach.
Titl. Herr Johann Franz Schenk Freyherr von Staufenberg, Herr auf Wilfingen, Summus Decanus libere resignat. dann hochfürstl. augsb. geheimer Rath.
Titl. Herr Joseph Maria Wilhelm Anton Speth, Freyherr von Zwyfalten, auf Fünfstetten und Hettingen.
Titl. Herr Joseph Anselm Freyherr von Westernach, auf Kronburg Summus Decanus libere resignatus khurtrierischer auch hochfürstl. augsb. geheimer Rath.
Titl. Herr Wilhelm Freyherr von Baaden, Weyhbischof zu Konstanz.
Titl. Herr Martin von Binder, SS. Th. Doct. Officialis libere resignatus, und hochfürstl. augsb. geistl. Rath.
Titl. Herr Kasimir Franz Anton Philipp Marquard Franz de Paula Gebhard Adam Graf Schenk von Castell.
Titl. Herr Nikolaus Xaverius Freyherr Adelmann von Adelmannsfelden.
Titl. Herr Johann Adam Freyherr von Herresdorf, Herr zu Lovenberg, und Lirrbach, J. U. D. khurkölnischer wirkl. geheimer Rath, und Dechant zu St. Georg, dann inful. Probst des Collegiat-Stifts zu Dillingen.
Titl. Herr Johann Friderich Graf von Waldstein.
Titl. Herr Franz Xaver Freyherr von Speth zu Untermarchthal.
Titl. Herr Theodor Franz de Paula Freyherr von Reibeld, J. U. D.
Titl. Herr Franz Xaver des H. R. R. Graf von Thurn und Valsassine.
Titl. Herr Marquard Freyherr von Riedheim.
Titl. Herr Carl Joseph Freyherr von Welden.
Titl. Herr Ferdinand des H. R. R. Freyherr von Brentano auf Brentheim, SS. Th. Doct.
Titl. Herr Maximilian Freyherr von Waldkirch.
Titl. Herr Franz Friederich Wilhelm Joseph Freyherr von Stuemfeder,

Titl.

Titl. Herr Carl Freyherr von Ulm auf Erbach.
Titl. Herr Friederich Freyherr von Leykam; J.U.L.
Titl. Herr Jakob Joseph von Simonis. J U.D.
Titl. Herr Johann Adam Niklas Freyherr von Palmer,
J.U.L. auch Churpfalzbarischer geheimer Rath.
Titl. Herr Carl Alexander Freyherr von und zu Hornstein.
Titl. Herr Friederich Carl Alexander Graf von Oetting Wallerstein.
Titl. Herr Benedikt Freyherr von Freyberg, auf Oepfingen.
Titl. Herr Johann Wilhelm Graf von Sternberg.
Titl. Herr Christoph Freyherr von Waldkirch.
Titl. Herr Kaspar Anton Karl Joseph Edler von Mastiaux, auf Neuenhofen, des H. R. R. Ritter, J.U.L.
Titl. Herr Carl Philipp Freyherr Schenk, von Stauffenberg, auf Amerdingen.
Titl. Herr Caspar Leopold Adam Graf von Brandis, Freyherr zu Cronburg, und Forst.

Hochfürstl. Augsburgische Erb-Aemter.

Von Westernach, Erb-Marschall.
Von Freyberg, Erb-Kämmerer.
Von Welden, Erb-Schenck.
Von Stadion, Erb-Truchseß.

Hochfürstl. Hof-Staat.
Ober-Hofmeister Staab.
Hochfürstl. Hof-Kammer-Junker.
Ober-Hofmeister Vacat.

Titl. Herr Rudolph Sebastian Zech auf Deybach Freyherr von Sulz auch churtrierischer Kämmerer, und hochfürstl. augsb. Pfleger zu Zusmershausen.
Titl. Herr Anton Freyherr von St. Vincenz churtrierischer Kämmerer, auch hochfürstl. augsb. wirkl. Hofrath, und Pfleger zu Pfaffenhausen, und Schönega.
Titl. Herr Ignaz Freyherr von Freyberg, auf Hürb churtrierisch. Kämmerer, und hochfürstl. augsb. Pfleger zu Füessen. Titl.

Titl. Herr Christoph Freyherr von Reichlin zu Meldegg, Hochfürstl. augsb. geheimer Rath, churtrier. Kämmer und hochfürstl. augsb. Oberjägermeister, wie auch hochfürstl. augsburg. Pfleger zu Oberdorf.

Titl. Herr Christoph Freyherr von Winkelhofen, churtrierischer Kämmerer und hochfürstl. augsburg. Pfleger zu Westendorf, auch wirkl. Hofrath.

Titl. Herr Ignatz Freyherr v. Schenk auf Schweinsberg, churtrier. Kämmerer, und hochfürstl. augsb. Pfleger zu Leder.

Leibmedikus.

Herr Johann Gottlob Haupt, Phil. Med. & Chyrurg. Doctor, churfürstl. trier:scher geheimer Rath, auch Sr Churfürstl. Durchl. zu Sachsen wirkl. Leib=Chyrurgus, Professor von Heidelberg, und Assessor von dem Collegio Sanitatis zu Mannheim.

Hofkapläne.

Herr Joh. Nep. Phil pp Christoph Bezel, SS. Th. Doct. hochf. augsb. geheimer Rath, und geheimer Referendarius in geistl. Sachen der Kollegiat Stifter ad S. Petri in Augsburg und Dillingen Can. & Sacerd. Jubilæus, & Decan. lib resignat. auch Ehrenglied der churfü:stl. Universität zu Trier, und der Bischöfl. Universität zu Dillingen.

Herr Franz Xav. Bezel, SS. Th Bac. des Kollegiat Stifts in Dillingen Canonicus, und Pfarrer im Hospital daselbst.

Herr Joseph Fidelis Gall, SS. Th. Lic. und Pfarrer zu Steinheim.

Herr Joseph Thomas Weng SS. Th. & Phil. Doct. und Bibliothecarius der Universität zu Dillingen.

Kammer=Dienere.

Herr Georg Lang, auch Konzert=Meister.
Herr Johann Lindpeintner, auch churtrier. Kammerdiener.

Kammer=Laquay. Vacat.

Ober-Stallmeisteramt.

Ober-Stallmeister.
Vacat.

Edelknaben Hofmeister.
Vacat.

Hochfürstl. Edelknaben.
Herr Hubertus Graf von Savioli.
Herr Clemens Freyherr von Wiltberg.
Herr Clemens Freyherr von Breitenlandenberg.
Herr Johann Nep. Freyherr von Reichlin zu Meldegg.
Herr Karl Freyherr von Rechberg.
Herr Joseph Freyherr von Schweppenburg.

Knaben-Instruktor.
R. P. Aloysius Milins a S. Thoma Aquinate e Cler. Regul. piarum Scholarum.

Edelknaben Exerzitienmeister.

Hofbereuter.
Herr Joseph Leopold Baumann, vid. infra.

Sprachmeister.
Vacat.

Fecht- und Tanzmeister.
Herr Rupert Schwinghamer.

Knaben-Friseur.
Herr Johann Michael Gera.

Hochfürstl. Leibgarde.

Lieutenant.
Herr Christ. Fried von Schüz, Karakter als Hauptmann Sr. Churfürstl. Durchlaucht von Trier.

Cornet.
Herr Joseph Leopold Baumann, nebst 1. Wachtmeister, 2. Brigadiers, und 24. Mann.

Stallparthie.
Bereuter vid. sup.
Wagenmeister. Vacat
Nebst übriger Dienerschaft.

Ober- Marschallamt.
Hofmarschall. Vacat.

Hofmedici.
Herr Johann Georg von Höfle, Phil. & Med. Doct.
Herr Carl Anton Paul, Phil. & Med. Doct.

Hof-Fourier.
Herr Carl Leopold Meichsner.

Hof-Trompeter.
Herr Anton Rogenzigel.
Herr Joseph Amberger.
Herr Joseph Heiß.
Herr Joseph Stachus.

Hof-Paucker.
Herr Franz Joseph Knöpfle.

Hof-Laquaien.
Balthasar Fackler.
Jakob Lueger.
Martin Thalhofer.
Johann Georg Seitz.
Anton Schmölz.

Kuchel- und Kellerparthie.

Kuchelmeister.
Herr Conrad Sartori.

Kuchelschreiber.
Vacat.

Hof-Koch.
Herr Carl Joseph Winterich.

Unter-Keller.
Herr Jakob Wolf.

Mundschenk.
Herr Joseph Anton Schuster, ut infr.

Tafeldecker.
Herr Severin Preymayr, ut infr.

Hof-Konditor.
Herr Johann Michael Pfitzer.

Hof-Fischmeister.
Herr Anton Ott.

Hof-Tapezier.
Vacat   Resid.

Residenz-Verwalter zu Augsburg.
Herr Franz Xaver Ebner.
Kammerportier.
Herr Franz Xaver Weß.
Zimmerwarter zu Oberdorf.
Herr Ignaz Eberle, auch Bau-Inspektor daselbst.
Leib- und Hofschneider.
Herr Johann Liebler.
Hof-Peruquier.
Herr Johann Michael Gera.
Hof-Gärtner.
Zu Augsburg Vacat.
Zu Dillingen Herr Franz Joseph Berlin.
Hofbräumeister zu Dillingen.
Franz Joseph Riedel.
Hof-Urmacher daselbst.
Johann Schmidt.
Hof-Thurner daselbst.
Franz Xaver Keller.
Hof-Thorwächter.
Zu Augsburg im Herrschaftshaus, Karl Huidt.
Leibwäscherin.
Frau Juditha Mollin.
Silberspielerin.
Frau Ursula Launerin.
Kammerwächter.
Anton Hasenehrl.
Sodann 7. Thorwächter in Augsburg.

Hof- und Kammermusick.

Kapellmeister.
Herr Pompejo Sales, churtrierischer und hochfürstlich. augsburgischer Hofkammerrath.
Konzertmeister.
Herr Georg Lang, vid. sup.
Flautraversist.
Herr Joseph Schuster.

C 2   Vio:

Violonist.
Herr Stanislaus Gitter.

Vokalist.
Herr Baptist Schuster, Tenorist.

Uebrige Instrumental-Musik.
Herr Severin Preymayr.
Herr Franz Joseph Knöpfle.
Herr Anton Rogenziel.
Herr Joseph Amberger.
Herr Joseph Heiß.
Herr Joseph Stachus.
Balthasar Fackler.
Jakob Lueger.
Martin Thalhofer.
Johann Georg Seitz.

Oberjägermeisteramt.

Oberjägermeister.
Titl. Herr Christoph Freyherr von Reichlin zu Meldegg. ut sup.

Oberforstmeister.
Titl. Herr Maximilian Freyherr von Hochenegg.

Oberforstkommissons-Beysitzere.
Vid. infr. Hochfürstl. Hofkammer-Kollegium.

Forstkassier.
Vacat.

Forstmeister.
Zu Dillingen Vacat.
An der Hochstraß Vacat.
Zu Frankenhofen Herr Joseph Egger, Forstamtsverweser.
Zu Stefen Herr Franz Anton Lang.
Burgberg Herr Johann Anton Lutz.

Oberjägere.
Zu Oberdorf Herr Anton Egger.
Zu Denklingen Herr Joseph Egger. ut sup.
Zu Burgberg Herr Johann Anton Lutz. ut sup.

Forst - Inspektor.
Zu Dillngen Herr Joseph Walch, auch Büchsenspanner.
Zu Ronzenberg Herr Niklas Beutelrock.

Uebrige Jägerey.
Frankenried Franz Anton Schlang.
Hindelang Johann Michael Jäger.
Ronenberg Eustach Lutz.
Leder Benedikt Lutz.
Lechbruck Kaspar Geisel.
Neßelwang Joseph Kleck.
Oberstorf Joseph Hueber.
Pfronten Maug. Hotter.
Rieden Johann Adam Lutz.
Nettenbach Johann Andreas Lutz.
Sachsenried Aloys Brenner.
Schönegg Joseph Anton Schmid.
Sulzschneid Joseph Xaveri Lutz
Weissingen Joseph Kollmann.
Wertach Johann Balthasar Prestel.
Wünzer N. Widemann.

Hochfürstlich-augsburgische Herren geheimen Räthe.

Titl. Herr Marquard Freyherr von und zu Horustein Hofraths und Hofkammer-Vicepräsident, und Stadtpfleger in der hochfürstl. Residenzstadt Dillingen.

Titl. Herr Ludolph Franz Kämmerer zu Worms, Freyherr von und zu Dalburg, des Hochstifts Bamberg, und Domstifts Minden resp. Oblegarius, und Domkapitular, Erobersamtmann zu Hammelburg und Saldr.

Titl. Herr Joseph Ignaz Freyherr von Welden auf Laupheim, hochfürstl. augsb. Pfleger zu Schwabmünchingen.

Titl. Herr Wenceslaus Graf von Leiningen Daxburg, und Guntersblum, churtrierischer geheimer Rath und Hofmarschall auch des schwäbischen Kreises Oberstwachtmeister, vid. infr.

Titl. Herr Franz Anton Freyherr von Brutscher auf Schorn.

Titl

Titl. Herr Karl Joseph Freyherr von Oexle, churtrierscher Kammerer, auch Gesandter beym Reichskonvent zu Regensburg.

Titl. Herr Christoph Freyherr von Reichlin zu Meldegg, ut sup.

Geheime Kanzley.

Geheimer Referendarius in geistl. Sachen.

Herr Johann Nepomuck Philipp Christoph Betzel, vide sup.

Geheimer Referendarius in weltl. Sachen.

Herr Johann Nepomuck von Metzger, hochfürstl. augsb. geheimer Rath.

Geheime Kanzlisten.

Herr Johann Baptist Dionysius Bulffer, J. U. C. Not. Apost. & Cæsar. geistl. Expeditor und Stampsamtsverwalter.

Herr Lorenz Raab.

Auswärtige hochfürstl. augsburgische Herren Gesandte.

Agenten und Procuratores.

Gesandter.

beym Reichs-Konvent zu Regensburg.

Titl. Herr Carl Joseph Freyherr von Oexle vid. sup.

Agent zu Rom.

Herr Bonsiginoll, geistl. Rath.

Agenten zu Wien.

Herr Reichs-Hofraths-Agent, Franz Anton von Ditterich, hochfürstl. ang. burgischer Hofrath.

Herr Miller von Mileck, auch Hofrath.

Agent zu Wezlar, beym Kayserl. Kammer-Gericht.

Herr Damian Ferdinand Haaß, auch Hofrath.

Resident zu Aachen.

Herr N. Loder.

Agent zu Innsbruck.

Herr Franz Mathias de Levo, oberösterreichischer Regierungs-Advokat.

Agent

Agent zu München.
Herr Joseph Gerard. Feismann. J. U. L.

Agent zu Bozen.
Herr Johann Peter Eyrl.

Legations-Sekretär zu Regensburg.
Herr Georg Anton Vollert.

Hochfürstl. augsburgischer Prokurator zu Wangen.
Herr Severin Witzigmann.

Folgen
die hochfürstlich. augsburgische geist- und weltliche Dikasterien.

Generalvikariat.
Generalvikarius.
Titl. Herr Johann Nepomuck August Ungelter, Freyherr von Deissenhausen, ꝛc. Siehe ein Insulirtes hohes Domkapitel.

Provikarius.
Herr Thomas Josephus de Haiden, J. U. D. hochfürstl. augsburg. geheimer Rath, und Can. bey St. Gertraud in Augsburg. vid. infra.

Herren Assessores.
Herr Johann Nep. Philipp Christoph Betzel, vid. sup.

Herr Joseph Anton Steiner, S. T. D. hochfürstl. augsb. geistl. Rath, Pönitentiarius, Librorum Censor, und Stipendiaten Kasseverwalter, auch Can. ad S. Maurit. in Augsburg.

Herr Anton Cölestin Rigg, SS. Th. Doct. hochfürstlicher augsburgischer geistlicher Rath und Siegler, auch Can. ad S. Mauritii zu Augsburg.

Herr Johann Evangelist Kögel, SS. Th. Lic. hochfürstl. augsburgischer geistlicher Rath, Fiskal, und Canon. bey St. Peter in Augsburg. vid. infr.

Herr Ludwig Rößle, SS. Th. Lic. hochfürstl. augsburg. geistl. Rath, Regens Seminarii zu Pfaffenhausen.

Herr Peter Paul Som, SS. Th. Doct. hochfürstl. augsb. geistl. Rath und Pfarrer zu Göggingen.

Herr Johann Jakob Bausch, J. U. L Protonot. Apost. hochfürstl. augsburg. geistl. Rath, des erzbischöfl. trierischen Officialats zu Koblenz Assessor und des Collegiatstifts ad S. Martin. & Severi zu Münstermayenfeld Decanus.

Herr Johann Georg von Wagner, SS. Th. & J. U. Doct. hochfürstl. augsburg. geistl. Rath, Protonot. Apost. und Comes Palat. Cæsar.

Herr Franz Jann, S. T. D. hochfürstl. augsb. geistlicher Rath, des Landkapitels Jettingen Dechant und Pfarrer in Scheppach.

Herr Franz Valentin Epp'en von Härterstein J. U. L. hochfürstl. augsburg. geistl. Rath, und Can. ad S. Maurit. in Augsburg.

Vikariato-Sekretar.
Herr Johann Leonhard Schießer. vid. infr.

Expeditor.
Herr Johann Baptist Dionysius Pulffer, J. U. C. vid sup.

Registrator.
Herr Franz Xaveri Trauner.

Kanzlist.
Herr Joseph Widmann.

Siegelschreiber.
Herr Maximilian Joseph Mühlareber.

Vikariats-Pedell.
Herr Hyacinth Johann Nep. Miller.

Geistlichen Raths-Kollegium.

Geistlicher Rathspräsident.
Titl. Herr Johann Nepomuck August Ungelter Freyherr von Deissenhausen, Episcopus Pellensis, Suffraganeus &c. &c. vide supra.

Herren geistliche Räthe.
Titl. Herr Franz Bernard Friderich Ferdinand Bruno Maria Freyherr von und zu Hornstein. ut supra.
Titl. Herr Clemens Ferdinand Graf zu Lodron. ut sup.
Titl. Herr Martin von Binder. ut sup.

Herr

Herr Johann Nepomuck Philipp Christoph Betzel. ut sup.
Herr Joseph Stemer. ut sup.
Herr Anton Cölestin Rigg. ut sup.
Herr Franz Xaver Freyherr von Stader, SS. T. Dr. Kämmerer und Pfarrer zu Weyhering.
Herr Johann Evangelist Kögel. ut sup.
Herr Ludwig Rößle. ut sup.
Herr Joseph Thomas de Haiden. ut sup.
Herr Peter Paul Gum. ut sup.
Herr Johann Jakob Bausch. ut sup.
Herr Georg von Wagner. ut sup.
Herr Franz Jann. ut sup.
Herr Franz Valentin Epplen von Härtenstein. ut sup.

Wirklich, aber nicht frequentirende Räthe.

Herr Franz Xaver Mayr, S. T. D. Pfarrer zu Dunstelkingen.
Herr Franz Feichtmayr, S. T. D. Dechant und Stadtpfarrer in Günzburg.

Titular geistliche Räthe.

Herr Johann Gottfried Schwaiger, S. T. Bac. Pfarrer zu Grießbach
Herr Johann Kaspar Fuchs S. T. L. frey resign. Dechant, und Pfarrer zu Donaualtheim, der Zeit Benef. zu Günzburg.
Herr Joseph Lang, S. T. L. des Landkapitels Rain Dechant, und Pfarrer in Pötmeß
Herr Franz Anton Brueger, S. T. L. hochfürstl. Ellwang. geheim Rath und Pfarrer in Ohedorf.
Herr Stanislaus Aloys Kaiser, S. T. L. des Landkapitels Weilheim, Dechant und Pfarrer zu Raisting.

E 5   Herr

... Franz Xaver Debler, Probst, Dechant und Stadtpfarrer zu Schwäbischgmünd.

Sekretär.
Herr Johann Leonhard Schießer, ut sup.

Kanzellist.
Herr Joseph Sebastian Widmann.

Pedell.
Herr Hyacinth Johann Nepomuck Miller.

Konsistorium.

Officialis.
Vacat.

Vice-Officialis.
Herr Thomas Joseph de Haiden, J. U. D. ut sup.

Herren Assessores.
Herr Joseph Steiner, ut sup.
Herr Anton Cölestin Rigg, ut sup.
Herr Johann Evangelist Rösel, ut sup.
Herr Peter Paul Gost, ut sup.

Konsistorial-Kanzleydirektor.
Herr Joseph Alexander Höfler, J. U. L. auch hochfürstl. augsburg. Hofrath.

Konsistorial-Advokaten.
Herr Jos. Kajetan Anton Karl von Sichlern, J. U. L. auch hochfürstl. augsburg. Hofrath.
Herr Johann Bapt. Eberle, J. U. L. auch hochfürstlich. augsburg. Regierungs Advokat vid. infr.

Konsistorial-Medikus.
Herr Karl Anton Paul, Phil. & Med. Doct. ut sup.

Registrator, und Kanzellist.
Herr Joh. Bapt. Dionysius Bulffer, J. U. C. vid. sup

Pedell.
Herr Hyacinth Johann Nepomuck Müller.

Hoch-

Hochfürstliche Regierung.

Hofraths Präsident.
Vacat.

Vice-Präsident.
Titl. Herr Marq arb Freyherr von und zu Hornstein ut. sup.

Kanzler.
Herr Johann Heinrich von Frech, hochfürstl. eugl.b. geheimer Rath.

Direktor. Vacat.

Vice-Direktor.
Herr Christoph Anton von Eichlern, auch geheimer Rath Pro Rector und Gubernator Universitatis.

Frequentirende Herren Hof- und Regierungs-Räthe.

Herr Joseph Xaver Epplen von Hirtenstein, auch geheimer Rath.

Herr Johann Nep. Giantherr, J. U. L. geheimer Rath.

Herr Johann Christoph von Breunna, geheimer Rath.

Herr Gallus Joseph Montarnin. vid. infr.

Herr Cölestin Schmid. J. U. L.

Herr Johann Georg Hößle. ut sup.

Herr Andreas Weber. vid. infra.

Herr Philipp Leopold von Frech.

Herr Joseph Schmid. J. U. D.

Herr Anton Schöbel. J. U. L. vide infr.

Dermal nicht frequentirende Herren Räthe.

Herr Aloysius von Pflummern, auch hochfürstl. augsburg. geheimer Rath.

Herr Johann Nepomuck von Mezger, hochfürstl. augsb. geheimer Rath, ut sup.

Herr Johann Michael Schmid, J. U. L. und des hohen Domkapitels Syndicus.

Herr Johann Nep. Kraft von Festenburg zum Fromberg. vid. sup.

Herr Joseph Kaspar von Mader.

Herr Christian Raymund von Emerich, Edler Herr von Schönberg, und Möckerich des H. R. R. Ritter.

Herr Blasius Schafligel. J. U. L.

Regie=

Hochfürstl. augsburgische Stadt- und Landämter.

In der Reichsstadt Augsburg.

Oberst Burggrafenamt.

Ein Jeweilig gnädigster Bischof.

Oberstburggraf.

Das Amt versiehet und besorget:
Herr Alore von Pflummern, hochfürstl. augsb. geheimer Rath, und Religions Agent.

Marktzolleinnehmer.

Anto. Schmelz.

Rentamt.

Rentmeister.

Herr Johann Nepomuck Kraft, von Festenburg zum Freyhalden, Hof- und Regierungs-Rath und Rentmeister.

Herr Franz Anton Straub, J. U. C. Rentamts-Aktuarius.

Rentamts-Both.

Joseph Essenwenger.

Hofkastenamt.

Herr Johann Evangelist Soker.

Hofkastenamts-Schreiber.

Vacat.

Hofkornmesser.

Andreas Hämbl.

Wag- und Frohnzollamt.

Waagamtmann.

Herr Franz Xaver von Mayr.

Gegenschreiber.

Herr Georg Balmertshofer.

Steuerkassieramt.

Kassier.

Herr Nikolaus Müller. ut sup.

Pfalzprobstamt,
In welchem jährlich dreymal das Vogtgeding gehalten und ehe dasselbe anfanget, von einem jeweiligen Probsten zu Vor- und Beybehaltung der bisherigen Gerechtsamen der Stab übergeben wird.

Pfalzprobst.
Herr Isidor Bezzel.

Zollamt auf der Wertachbruck.
Zollner.
Herr Joseph Benedikt Scheßel.

In der
Hochfürstl. Residenzstadt Dillingen.

Stadtpfleger.
Titl. Herr Marquard Freyherr von und zu Hornstein. ut sup.

Oberpolizey-Kommission.
Kommissar.
Herr Cölestin Schmid, J. U. L. auch Hofrath, dann Armenkasse und Waisenhaus-Direktor. ut sup.
Aktuarius.
Herr Niklaus Platzer. ut sup.

Stadtamman.
Herr Johann Ludwig Schaflizel.

Stadt-Physikus.
Herr Joh. Georg von Höpfle, Phil. & Med. Doct. hochfürstl. augsburg. Hofrath.

Landschafts-Physikus.
Herr Franz Joseph Hofer, Phil. & Med. Doct. hochfürstl. augsb. Hofrath.

Hofkastenamt.
Hofkastner.
Herr Bernhard Schippich. ut sup.
Kornmesser.
Joseph Lutz.
Christoph Holl.

Hofbräu-Amts-Commission.
Herr Franz Wolff. ut sup.

Bau-

Bauhofamt.
Herr Bernhard Scheppich, Bauhofamtsverwalter, ut sup.
Ein Hofbauer und 2. Knechte.

Hospitalpflegamt.
Pfleger.
Herr Joh. Nep. von Schürf, Fürstl. Ellwangischer Hof-Rath. vide infra.

Kassern-Kommissar.
Herr Joseph Müller, J. U. L.

In Tyrol.
Probst des St. Afra Mayerhofs in Bozen.
Herr Leopold Wenser, von und zu Freyenthurn.

Zollner zu Lurz.
Herr Anton Carl von Hueber.

Zu Wertheim.
Hochfürstl. Schiffmeister.
Herr Philipp Jakob Müller.

Zu Füssen.
In der Hochfürstl. Granitzstadt
Pfleger
Titl. Herr Ignaz Freyherr von Freyberg auf Hürbl. ut supra.

Probst.
Herr Erasmus Schmid.

Stadtvogt.
Herr Joseph Anton Schmid, J. U. L.

Stadt- und Landschafts-Physikus.
Herr Joseph Twinger, Phil. & Med. Doct.

Stadtschreiber
Herr Joh. Nep. Wankenmüller, J. U. Exam. & Appr.

Kornmesser.
Andreas Christa.

Unterbamte des Pflegamts Füessen.
Milde Stiftungs-Verwalter.
Herr Mag. Augustin Jäger, J. U. C.

Adjunkt.
Herr Joh. Nep. Wankenmiller, J. U. Exam. & Appr. ut sup.

Richter zu Bernbeuren, und Burggen.
Herr Johann Baptist Metzler.

Richter zu Roßhaupten und Rieden.
Herr Franz Riß.

Amtmann zu Pfronbten.
Herr Joseph Anton Brenneisen.

Amtmann zu Seeg.
Herr Johann Anton Bohrer.

Mayr zu Hopfen.
Herr Leo Schwaig.

Pflegamt Sonthofen.
Pfleger Vakat.

Landamman.
Herr Blasius Schaßtzel Hof- und Regierungsrath.

Landschreiber auf der Burg.
Herr Michael Lueger.

Salzfactor zu Hindelang.
Herr Johann Baptist Gehrung.

Salzfactor zu Oy.
Herr Kajetan Lang

Hochfürstl. augsburgisches Eisenbergwerk.
Oberdirektor.
Titl. Herr Franz Bernhard Friderich Ferdinand Bruno Maria Freyherr von und zu Hornstein. ut sup.

Verwalter.
Herr Johann Nepomuck Zöher.

Schmelzmeister Vakat.
Nebst übrigen Werksleuten.

Hochfürstl. Sennerey.
Bestandner.
Herr Johann Baptist Gehrung. ut sup.
Nebst Ober- und Untersennen, dann sonstigen Bedienten.

Pflegamt Oberdorf.
Pfleger.
Titl. Herr Christoph Freyherr von Reichlin, zu Meldegg. ut sup.

Pflegoverwalter.
Herr Franz Johann Nepomuck von Schaben, auch hochf. augsburg. Hofrath.

Pflegamt Aislingen.
Pfleger.
Titl. Herr Carl Anton Freyherr von Juncker, Chu trierischer Kämmerer.
Pflegsverwalter.
Herr Gallus Joseph Kuntamin. ut sup.

Pflegamt Leder.
Pfleger.
Titl. Herr Ignatz Freyherr von Schenck auf Schweinsberg. vide sup.
Pflegsverwalter.
Herr Xaver Moßer, J. U. L. auch hochfürstl. augsburg Hofrath.

Pflegamt Buchloe.
Pfleger.
Titl. Herr Wenceslaus Graf von Leiningen Darburg Gundersblum, hochfürstl. augsb. geheime. Rath ut sup
Pflegsverwalter.
Herr Constanz Anton Maria Federle.

Pflegamt Pfaffenhausen.
Pfleger.
Titl. Herr Anton Freyherr von St. Vincenz ut sup.
Pflegsverwalter.
Herr Joseph Anton Ruesch.

Pflegamt Schönegg.
Pfleger.
Titl. Herr Anton Freyherr von St Vincenz rc.. ut sup.
Pflegsverwalter.
Herr Sulpiz Ignatz Häfelin.

Pflegamt Schwabmünchen.
Pfleger.
Titl. Herr Joseph Ignatz Freyherr von Welden auf Lamp heim. ut sup.
Titl. Herr Gottlieb Ludwig Maria Freyherr von Cretter, des H. R. R. Ritter, und Edler von Fimmishoven, hochfürstl. augsburg. Rath, Straßvogt an der Hochstraß.
Pflegsverwalter.
Herr Joseph Benedikt Landherr.

Pflegamt Bobingen.
Pfleger.
Titl. Herr Franz Joseph Freyherr von Zech, auch hoch
augsb. Rath.
Pflegsverwalter.
Herr Wilhelm Joseph Couven.

Pflegamt Zusmershausen.
Pfleger.
Titl. Herr Rudolph Sebastian Zech, auf Deybach Frey
herr von Sulz, hochfü stl Rath. vid. sup.
Pflegsverwalter.
Herr Ulrich Julius.

Pflegamt Westendorf, und Killenthal.
Pfleger.
Titl. Herr Christoph Freyherr von Winckelhofen. ut su
Pflegsverwalter.
Herr Franz Anton Stich. J. U. L.

Pflegamt Gögg- und Inningen.
Pflegsverwalter.
Wird einsweilen von dem hochfürstl. Rentamt Augsbur
administrirt.

Pflegamt Nesselwang.
Pflegsverwalter.
Herr Joseph Anton Netzer. J. U. L.

Pflegamt Weißingen.
Pflegsverwalter.
Herr Anton Stapf.

Pflegamt Wittislingen.
Pflegsverwalter.
Herr Thaddäus Pfitzer.

Pflegamt Münsterhausen.
Pflegsverwalter.
Herr Johann Fidel Zöschinger.

Fort-

Fortsetzung
der Beschreibung
der hochen, und würdigen Geistlichkeit des Bisthums Augsburg.

Des hohen infulirten Domkapitels Herren Herren Kapitularen, und Domicellaren:

Siehe vorn im Bogen B.

Des hohen Domstifts Kanonici Quatuorviri oder Vierherren.

Herr Ulrich Theodor Rabini, SS. Th. Cand. Emeritus
Herr Anton Scheubner.
Herr Johann Michael Peppel.
Herr Karl Andreas Sartor.
Herr Franz Georg Bscheider, päbstl. wie auch des hochwürdigsten Domkapitels, und Erzdiakonats Notarius auch Chorivicariorum Amtmann.

Prädikatores.

Herr Aloys Merz, SS. Theol. Doct. und Prædicator Emeritus.
Herr Georg Zeiler, SS. Theol. Doct. Vormittags Prediger. vid. infr.
Herr Joseph Deuáschad, SS. Theol. Doct. Nachmittags Prediger.

Herren Chorivikarii, und Lectores.

Herr Jakob Wagner, J. U. L. Subkustos Emeritus, dann päbstl. und kaiserl. Notarius.
Herr Franz Xaver Bischof, Lector Emeritus.
Herr Anton Moriz Meicher, Summi Altaris Minister.
Herr Joh. Bapt. Aichberger, Summi Altaris Minister.
Herr Johann Philipp Löhle, Præcentarius, Reverendissimi Suffraganei Capellanus, & Cæremoniarius, auch Chorherr bey St. Gertraud.
Herr Anton Lutz, Sacerd. Jub.
Herr Aloys Mayrhofer, Lector.
Herr Maximilian Kuen, Lector, und Subregens Chori.
Herr Joseph Beutelrock, Lector, und Regens Chori.

Herr

Herr Anton Streim, Lector.
Herr Joseph Anton Steiner, SS. Th. Doct. hochfürstl. augsburg. geistl. Rath vid infr.
Herr Peter Obladen, J. U. D. SS. Th. Cand. auch Protonot. Apost. und Can. bey St. Peter in Augsburg.
Herr Philipp Gerbl, SS. Th. Doct. Kapellmeister.
Herr Johann Evangelist Köge, SS. Th. Lic. hochfürstl. augsburg. geistl. Rath. vid. infr.
Herr Anton Göggnger, Lector.
Herr Johann Georg von Wagner, SS. Th. & J. U. Doct. Comes Palat. Cæsar Protonot. Apost. hochfürstlicher augsburg geistl. Rath.
Herr Johann Georg Lampart, Lector und Subcustos.
Herr Joseph Bitzel, Lector.
Herr Jakob Siebenrock.
Herr Ferdinand Miller, Lector.
Herr Joseph Miller.
Herr Jos. Anton Hörmann, Marianer und Lehrer der Normalschule.
Herr Joseph Anton Kratzer. vid. infr.
Herr Karl Daiser, Lector.
Herr Michael Engel, Vicelector.
Herr Johann Staiger, Lector und Organist.
Herr Aloysius Lößler, Vicelector.
Herr Johann Bock, Vicelector.
Herr Friedrich Dominikus Weinhart, Vicelector.
Herr Johann Evang. Faumann, Marianer.
Herr Johann Drexel Violonist.
Herr Joseph Mayerhofer, Marianer.
Herr Philipp Jakob Fahrenschon, Marianer.

Des hohen insulirten Domkapitels dermalige Herren Beamte, und Officianten in der Stadt.

Syndikus

Titl. Herr Johann Michael Schmid, J. U. L. hochfürstl. augsb. Hofrath.

Konsulent.

Herr Adam Ignatz Beck, J. U. L.

Kanzleyverwalter.

Herr Joseph Eustach Bub, J. U. L.   Ober-

Oberamtmann.
Herr Johann Karl Landes, Burkner, und Kastner, auch Koch und Ungeldamts Verwalter.

Kornprost.
Herr Joseph Anton Kratzer, zugleich Spitalverwalter.
Herr Johann Georg Grasser, freyresignirter Kornprobst.

Registrator, und Archivarius.
Herr Peter Egger, J.U.L. erster Archivarius.
Herr Karl Ferdinand Landes, J.U.C. zweyter Archivarius.

Rechnungsrevisor
Herr Anton Senhel, Rechnungsrevisorats Verweser.

Forstmeister und Bauamtsverwalter.
Herr Joseph Sebastian Egger, freyresignirter Forstmeister.
Herr Joseph Silvester Egger, wirkl. Forstmeister.

Revisionsadjunkt.
Herr Judas Thaddäus Eser.

Rechnungsrevisor.
Kanzlisten.
Herr Johann Michael Egger, Kammer, Amtmann und Armenkasseverwalter.
Herr Franz Joseph Sieber, Kleindienstamtsverwalter.
Herr Joseph Urban, Kanzley-Adjunkt.
Herr Franz Xaver Köhle, Kanzley Adjunkt.
Herr Joseph Anton Knappich, Kanzley Adjunkt.

Kellerverwalter.
Herr Franz Anton Span.

Kapiteldiener.
Johann Koch.

Kornmessermeister.
Johann Balthasar Christa nebst drey Kornmessern.

Kapitelboth.
Franz Gumppinger.

Herren Beamte auf dem Land nach alphabetischer Ordnung.

Zu
Anhausen Herr Joseph Anton Reitenbaur, J.U.L. Obervogt und Wittwenkasse-Verwalter.
Apfeltrach Herr Joh. Jakob Fischer, J.U.L. Obervogt.

Stadt

Stadtbergen, siehe Anhausen.
Breitenbrunn Herr Joseph Dominikus Braun. J. U. C. Obervogt.
Dinkelscherben Herr Thaddäus Baldauf, J. U. L. Pfleger beeder Herrschaften Zusameck und Steinenkirch.
Erringen Herr Christian Arnold, J. U. C. Oberrichter.
Gersthofen Herr Franz Xaver Seitz, Obervogt.
Großaitingen Herr Ludwig Maria de Bally des H. R. R. Ritter, Sr. Churfürstl. Durchl. zu Pfalzbairen Hofrath, dann Probst zu Großaitingen, und Oberrichter zu Graben.
Holzheim Herr Ludwig Anton Heinzelmayr, J. U. C. Obervogt.
Oeffingen Herr Ferdinand Babinger, J. U. L. Obervogt dann Gmünd und Lorchischer Amtmann.
Radau siehe Anhausen.
Thanhausen Herr Johann von Pettenkofer, Ries Amtmann, und Kastner zu Marktoffingen.
Zusamalesheim Herr Franz Jos. Hurt J. U. C. Obervogt.

Das hochfürstl. Stift= und exemte Probstey zu St. Veit in Elwangen.

Probst, und Herr zu Elwangen,
des Heil. Röm. Reichs Fürst
und Herr Herr.
CLEMENS WENCESLAUS
Erzbischof und Churfürst zu Trier, Bischof zu Augsburg ꝛc. ꝛc. ut sup.

Titl. Herr Gandolph Ernst Graf von Küenburg, Kapitular des hohen Erzstifts Salzburg churfürstl. elwangischer geheimer Rath, insulirter Dechant und Statthalter.

Titl Herr Karl Joseph Graf von Daun, der hohen Erz- und Domstifter zu Salzburg, und Passau Kapitular.

Titl. Herr Sigmund Maria Freyherr von Reischach, Dom-D.chant zu Augsburg, und Kapitular des Ritterstifts Comburg Kustos, hochfürstl. ellwangischer geheimer Rath.

Titl. Herr Franz Joseph Fürst von Hohenlohe, Schillingsfürst der Erz- und Domstifter zu Cöln, und Straßburg Kapitular.

Titl. Herr Fridrich Karl Alexander des H. R. R. Graf zu Oettingen Wallerstein, des hohen Erzstifts zu Cöln und Augsburg Kapitular.

Titl. Herr Nikolaus Xaverius Freyherr Adelmann von Adelmannsfelden, auch Domkapitular zu Augsburg.

Titl. Herr Franz Joseph Graf von Küenburg, Domiceller.

Titl. Herr Karl Ernst Joseph Fürst von Hohenlohe Bartenstein, Domicellar.

Titl. Herr Franz Friderich Wilhelm Joseph Freyherr von Sturmfeder, Kapitular.

Titl. Herr Philipp Freyherr von Kerpen, Domicellar, auch des hohen Domstifts zu Bamberg Kapitular.

Des fürstlichen Stifts.

Pfarrer und Pönitenzer.

Herr Philipp Baumann, SS. Th. Lic.

Hochfürstl. Beichtvater.

Vakat.

Hofkapläne.

Herr Joseph Anton Brueger, SS. Th. Lic. geistl. Rath, und Pfarrer zu Oberdorf.

Herr Johann Balthasar Pfitzer, Hofkaplan, und geistl. Rath.

Stiftprediger.

Herr Bernhard Mayr.

Herren Provisores.

Herr Joseph Ignatz Mayr.
Herr Johann Stark, geistl. Rath.

Herr

Herr Joha n Anton Wanner.
Herr Joseph Bonifacius Bühr.
Chorvikarii, und Beneficiaten.
Herr Franz Leonhard Sutor, Subkustos.
Herr Peter Joseph Miller, Kapellmeister.
Herr Fidelis Kößner.
Herr Karl Anton Baumann.
Herr Joseph Gregorius Baumgraz, Punktator.
Herr Joseph Leopold Strehle, Altarminister, und geistl. Raths Sekretar.
Herr Isidor Müller.
Herr Melchior Helmle.
Herr Hakob Krieger.
Herr Ernst Gerhardi.
Herr Aloys Höfele.
Herr Aloys Diener, Supernum.

Das hochlöbliche Stift zu St. Moritz in Augsburg.
Probst.

Titl. Herr Johann Phillpp Freyherr von Zobel, auf Giebelstatt, Herr zu Messenhausen und Darstätt, des Erz- und Domstifts zu Mainz Kapitularherr, und Domkustos, dann das löbl. Kollegiatstifts zu St. Johannes Probst, und Kammerpräsident daselbst, auch des hohen Domstifts zu Wirzburg Domherr.

Dechant.
Titl. Herr Joseph Anton Imhof von Spielberg und Oberschwambach, Pat. Aug. SS. Th. Doct. auch Probst des löbl. St. Peterstifts zu Augsburg.

Titl. Herr Franz Valentin Epplen von Härtenstein J. U. L. hochfürstl. augsb. geistl. Rath, Scholaster.

Titl. Herr Franz Joseph von Barth, J. U. L. Pfarrer vid. infr.

Titl. Herr Dominikus Del Dono, SS. Th. & J. U. D. Protonot. Apost. Landpfleger, und Cellarius.

Titl.

Titl. Herr Anton Cölestin Wigg, SS. Theol. Doct. Protonot. Apost. hochfürstl. augsburg. geistl. Rath, und Siegler ut sup.

Titl. Herr Joseph Bonaventura Johann Nepomuck von Weltin.

Titl. Herr Ignatius Aloysius von Rehling und Haltenberg Pat. Aug.

Titl. Herr Franciscus Carolus Mainone, J.U.D. Kustos.

Titl. Herr Joseph Anton Steiner, SS. Th. Doct. hochfürstl. augsbu g. geistl Ra h. ut sup.

Titl. Herr Thomas Dominicus Anton Carli, S. T. D.

Provisores.

Herr Johann Georg Schue.
Herr Adam Sebastian Brüderl.

Chorivikarii.

Herr Johann Michael Disner, Organist.
Herr Joseph Eschenlohr, Präsentiarius.
Herr Johann Evangelist Schwicker, SS. Th. & SS. Can. Cand. Not. Apost. & Cæsar. und Chornotarius, hochfürstl. kempt. wirkl. geistl Rath.
Herr Aloysius Holbein Chorivikarien-Amtmann.
Herr Kaspar Zöschinger, Subcustos.
Herr Karl Stickel
Herr Joseph Karl Reiner, Pfarr-Provisor, und Chorivicarien Amtmann.
Herr Franz Xaveri Rapp.

Syndikus und Oberamtmann.

Herr Johann Evangelist Schue, J.U.C.

Oberamts-Aktuarius.

Herr Andreas Dreer.

Kellerverwalter.

Herr Karl Sebastian Nieberle.

Das

Das St. Peter Stift zu Augsburg am Perlachberg.

Probst.

Titl. Herr Jos. Anton Imhof von Spihlberg, und Oberschwambach, Pat. Aug. ut sup.

Chorherren allda.

Titl. Herr Johann Evangelist Kögel, SS. Theol. Lic. hochfürstl. augsburg. geistl. Rath. ut sup.
Titl. Herr Franz Anton von Langenmantel auf Westheim, Pat. Aug.
Titl. Herr Johann Nepomuck Philipp Christoph Betzel, hochfürstl. augsburg. geheimer Rath. ut sup.
Titl. Herr Joseph von Rehling und Haltenberg. Pat. Aug.
Titl. Herr Peter Obladen. J. U. D. ut sup.

St. Gertrauden Stift zu Augsburg in dem vordern Domchor.

Probst.

Titl. Herr Joseph von Rehling und Haltenberg. vid. sup.

Chorherren.

Titl. Herr Franz Joseph von Barth. vid. sup.
Titl. Herr Johann Philipp Löble. vid. sup.
Titl. Herr Thomas Joseph de Haiden. J. U. D. vid. sup.
Titl. Herr Ignatz Aloys von Rehling und Haltenberg. ut sup.

St. Ulrichstift zu Habach.
In Oberbaiern.
Probst.

Titl Herr Ignatz Frank Churfürstl. und Herrzogl. Zweybrückischer wirkl. geheimer Rath, und Canonicus zu U. ser Frau n München.

Dechant und Chorherren.

Herr Jakob Ertl, Stiftsdechant und Pfarrer zu Habach.
Herr Joseph Anton Steigenberger Pfarrer in Hofheim.
Herr Augustin Pucher, Pfarrer in Sindelsdorf.
Herr Johann Nepomuck Walser, Pfarrer in Riegsee und Froschhausen.
Herr Johann Baptist Floßmann, Pfarrer in Hechendorf.
Herr Franz Xaverius Kuile, Pfarrer zu Thürnhausen, und Frauen-Rhein.

St. Peter Stift zu Dilingen.
Infulirter Probst.

Titl. Herr Johann Adam Freyherr von Herresdorf Herr zu Lovenberg, und Bierbach, Sr. Churfürstl Durchlauch: zu Cölln wirkl. geheimer Rath ꝛc. Siehe das Infulirte hohe Domkapitel.

Stiftsdechant. Idem.
Chorherren und Beneficiaten.

Herr Johann Nepomuck Philipp Christoph Bezel, SS. Th. Doct. und Decanus libere resignatus, Can. & Sacerdos Jubil. vid. sup.
Herr Franz Xaver Kachler, SS. Th. Lic. Bursner und Benef. zu St. Sebastien.
Herr Franz Xaverius Betzel, SS. Th. Bac. & SS. Can. Cand Granarius, hochfürstl. augsb. Hofkaplan, und Spitalpfarrer.
Herr Ignatz Ullmann S. T. L. Benef. zu St. Bernhard, dann Stadtpfarrey Kooperator.
Herr Jakob Schwarzer, S. T. D. Prot. Apost. Frühmesser.
Herr Ferdinand Meitinger, SS. Th. & SS. Can. Cand. Benef. zu St. Ulrich, und Afra, dann Beichtvater im kleinen Kloster.

Herr

Herr Joseph Ruef, SS. Th. Exam. & Approb. und Benef. zu St. Leonhard p. t. Pfarrprediger, und extra Beichtvater im grossen Kloster.

Chorvikarii des Kapitels.

Herr Ignatz Ruef, SS. Th. & SS Can. Cand. Canonic. extracapitularis, und Benef. im grossen Kloster.

Herr Joseph Leonhard Bader, SS. Th. & SS. Can. Cand. Benef. zu St. Wolfgang im Gottsacker.

Herr Johann Nepomuck Lutzenberger, SS Th. & SS. Can. Cand. Herr von Herresdorfischen Vikar, und Kaplan.

Herr N. Frank, SS. Th. & SS. Can. Cand. geheimer Rath, bäzlischer Vikarius.

Syndikus, Burßner und Kastner des wohllöbl. Kapituls.

Herr Joh. Nep. von Sch..t, Patritius Ravensburgensis Hochfürstl. Ellwang. Hofrath, Not. Cæs. Immatr.

Pedell.

Herr Franz Xaver Endres.

Churfürstl. U. L. Fr. Stift zu St. Peter in Neuburg.

Dechant und Stadtpfarrer zu St. Peter.

Herr Karl Philipp Schönmetzler, SS. Th & SS. Can. Cand. Sr. Churfürstl. Durchl. zu Pfalz rc. geheimer geistl. Rath, und des nämlichen Stifts Administrator.

Chorherren.

Herr Heinrich von Scherer, Scholasticus.
Herr Franz Xaver Peter von Taulppäus, S. T. D Cantor.
Herr Christoph Schropp, S. T. D.
Herr Thomas Kränzl, S. T. D Prædicator Eccl. Colleg.
Herr Simon Negele, S. T. D. Prædicator Eccl. Colleg.
Herr Hieronymus Handel.

Der HH. Apostel Philipp, und Jacobs Stift zu Grönnenbach.

Dechant und Pfarrer allda.

Herr Johann Nep. Frey, S. Th. & SS. Can. Cand.

Chorherren.

Herr Franz Xaver Kaltenhauser, S. Th. & S. S Can. Cand. hochfürstl. kempt. wirkl. geistl. Rath, frey resig. Dechant.

Herr Johann Georg Mayr, Pfarrer zu Zell.
Herr Joseph Anton Schmid.

U. L. Frauenstift
der Reichsstadt Schwäbischgmündt.
Probst.
Herr Franz Xav. Debler, hochf. augsb. geistl. Rath, und bischöfl. Kommissarius in der Stadtpfarrey Gemündt.
Dechant und Stadtpfarrer. Idem.
Chorherrn und Beneficiaten.
Herr Johann Baptist Herzer, Benef. zu St. Leonhard. Senior.
Herr Johann Nepomuck Reiß, Benef. zu St. Georg Präsentarius und Custos.
Herr Franz Ignatz Baumhauer, SS. Th. Lic. Benef. zu St. Nikolaus im Spital.
Herr Bernhard Köbler, SS. Th. Lic. Benef. zu unser lieben Frau im Spital, und zu St. Catharina ausser der Stadt, Prokurator.
Herr Johann Franz Jageisen, Benef. zu St. Jakob dem kleinern, und Feyertags Prediger.
Herr Franz Ignatz Stahl, Benef. zu St. Veit und Andre. Sonntag Prediger.
Herr Johann Egidius Franz, Benef. zu St. Catharina in der Stadt.
Herr Johann Baptist Riß, Benef. zu St. Jakob dem grössern.
Herr Ignatz Bomas, Benef. zu St. Martin.
Beneficiaten.
Herr Lorenz Sprigel, Benef. zu St. Barbara.
Herr Domin. Jehlen, Benef. zu St. Sebast.
Herr Johann Kayser, Frühmesser bey St. Johann.
Herr Bernard Mayr, Benef. zu St. Salvator.
Herr Joseph Straubenmiller, Storrisch und Stahlisch. Benef.
Priester, so keine Beneficien haben.
Herr Johann Debler, Chor-Regent.
Herr Dominicus Melber, Vorsinger.

Das

Das frey-weltlich, und hochadeliche Damenstift zu St. Stephan in Augsburg.
Abtißin.
Titl. Frau Maria Antonia Freyin von Welden auf Laupheim, und Hochaltingen.
Frey-resignirte Abtißin.
Titl. Frau Maria Beata Freyin von Welden auf Laupheim, und Hochaltingen.
Stiftsdamen.
Titl. Fräul. Maria Anna Ungelterin, Freyinn von Deisenhausen, Seniorin.

Titl. Fräul. Maria Johanna Baptista Freyinn von Falken.

Titl. Fräul. Maria Josepha ... Freyinn von Reischach.

Titl. Fräul. Maria Theresia Freyinn von Speth auf Hättingen.

Titl. Fräul. Maria Eleonora Freyinn von Ulm auf Erbach.

Titl. Fräul. Maria Catharina Freyinn von Reisach.

Titl. Fräul. Maria Philippina Freyinn von Freyberg auf Hörbl.

Titl. Fräul. Maria Clementina Freyinn von Reichlin zu Meldegg.

Oberamtmann Herr Johann Bapt. Eberle, J. U. L.
Kastner und Haußmeister Herr Franz Richard Keller.

Das frey-weltlich, und hochadeliche Damenstift zu St. Johannes in Edelstetten.
Abtißin.
Titl. Frau Maria Anselma Theresia Johanna Freyinn von Freyberg auf Oepfingen.
Stiftsdamen.
Titl. Fräul. Maria Johanna Freyin von Helmstadt auf Hochhausen Seniorin.

Titl. Fräul. Maria Carolina Walburga Freyinn v. Reischach Subseniorin.

Titl. Fräul. Maria Adelheid Crescentia Freyinn Keller von Schleitheim.

Titl. Fräul. Maria Anna Freyinn von Pappus auf Rauchenzell.

Titl.

Titl. Fräul. Maria Friderica Freyinn von Naßler.
Titl. Fräul. Maria Aloysia Freyinn von Welden auf
 Kirchlauphaim.
Titl. Fräul. Maria Francisca Joh. Freyinn von Reisach.
Titl. Fräul. Maria Sophia Freyinn von Deiring.
Obervogt. Herr Ludwig Wocher.

Der hohen Ritter Orden.
Commenthureyen.
Des hohen Maltheser Ordens.
Klein-Nerdlingen im Ries.
Commenth. Titl. Herr Franz Heinrich Truchseß von
Rheinfelden zu Rappeltsweiler Bailli von Brandenburg
S. J. O. Ritter.

Des hohen deutschen Ordens.
Der Balley Elsaß und Burgund.
Rohr, und Waldstetten in Schwaben.
Commenth. Titl. Herr Nicolaus Franz Karl Fridolin
Freyherr von und zu Schönau, Commenth. zu Rohr
und Waldstett, deutsche Ordensritter.

Der Balley Franken.
Blumenthal in Oberbaiern.
Commenth. Titl. Herr Karl Joseph Freyherr von Ep-
ting, deutsch Ord. Ritter

Donauwörth in Schwaben.
Commenth. Titl. Herr Maximilian Joseph Freyherr
von Riedheim Statthalter zu Freudenthal in Schlesien,
deutsch. Ord. Ritter.

Kapfenburg im Ries.
Commenth. Titl. Herr Anton Christoph Erdmann, von
Reischach auf Sandelshausen, Haußcommenthur zu Mer-
gentheim, deutsch. Ord. Ritter und Rathsgebietiger der
Balley Franken

Oettingen im Ries.
Commenth. Titl. Herr Rudolph Heinrich Karl Moritz
von und zu Werdenstein, deutscher Ordens-Ritter und
Rathsgebietiger der Balley Franken. Pfarr-

Pfarreyen in der Stadt Augsburg.

Dompfarrer Titl. Herr Franz Bernhard Friederich
 Freyherr von und zu Hornstein, Domscholaster ꝛc.
Vikarius Herr Georg von Wagner, ut sup.
St. Moritzen Pfarrer Herr Franz Joseph von Ba t,
 J. U. L. und Chorherr daselbst.
Provisor Herr Carl Reiner.
St. Ulrich Pfarrer Titl. Herr Joseph Maria des Reichs
 Gotteshauses zu St. Ulrich und Afra Prälat.
Vikarius Herr P. Gregorius Schäffler, Profeß allda.
St. Stephan Pfarrer Herr Andreas Jölinger, Theol.
 Moral. & SS. Can. Cand.
St. Georgen Pfarrer Titl. Herr Martin, des Gottes
 hauses zu St. Georgen Prälat
Vikarius Herr P. Anton Tischer.
Heil. Kreutz Pfarrer Titl. Herr Ludwig, des Gottes
 hauses zum Heil. Kreutz Prälat.
Vikarius Herr P. Bernhard Waibl.

Beneficien und Beneficiaten in= und um die Stadt Augsburg ausser dem Hohen Domstifte.

Benef. zum Heil. Grabe Titl. Herr Johann Euchar.
 Freyherr von Ulma f Erbach ꝛc. ut sup.
Benef. zu St. Johann an der Domkirche, Herr Georg
 Zeiler S. Th. Doct. ut sup.
Benef. zu St. Rochus in dem Blatterhause, Titl. Herr
 Joseph Anton Imhof von Spielberg. Siehe oben.
Benef. zu St. Stephan, Herr Joseph Anton Miller.
Benef. zu St. Veit an der bischöfl. Pfalz, Herr Joseph
 Anton Steiner. sieh oben.
Benef. zu St. Barbara, Herr Jakob Knoller.
Benef. zu St. Lampert in der Hofkapelle, vacat.
Benef. zu St. Severin nächst den Karmelit Herr Jakob
 Wagner, ut sup.

Benef. zu St. Margaretha im Spital, dann zu St. Kosmas und Damian Herr Augustin Herkommer. resign. Pfarrer zu Emmenhausen.
Benef. zu St. Salvator Herr Jakob Wagner. siehe oben.
Benef. zu St. Gall. Herr Andreas Iblinger. siehe oben.
Benef. zu St. Pantaleon, und Antoni, Herr Georg von Wagner. ut sup.
Benef. zu St. Sebastian zum Lazareth, Herr Johann Nepomuck Kerl.
Benef. zu St. Servat. und St. Michael auf dem Gottsacker, Herr Georg Möst.
Benef. zu St. Ursula, Herr Joseph Moser.
Benef. zu St. Antoni in der Brüderpfründe, Herr Johann Michael Dischner. sieh oben.
Benef. zu St. Joseph, auf dem Pilgerhause, Herr Joh. Georg Herkommer.
Benef. zu den englischen Fräulein, obiger Herr Johann Nepomuck Merck.

Pfarreyen in dem Archidiaconat.

Bergen oder Stadtbergen Herr Johann Benedikt Bergmann, J. U. C. Not. Apost.
Zerkheim Herr Remig Schedler.
Herstlhofen Herr Xaver Mayr.
Söggingen Herr Peter Paul Gomm, SS. Th. Doct. ut sup.
Haunstetten Herr Franz Xaver Kid.
Hirblingen Herr Augustin Brandmayr.
Inningen Herr Johann Michael Mayr, S. T. & SS. Can. Cand.
Lechhausen Herr Franz Bartholomä von Hößle, J. U. Doct.
Leutershofen Herr Konrad Keberle, S. T. & J. U. Cand.
Oberhausen Herr Joseph Anton Bechteler, J. U. L.
Ofersee. Vacat
Steppach Herr Anton Gebhardt, J. U. C.
Fruhmesser zu Göggingen, Pfarrer in Ort.
Benef. zu St. Radagunden, Herr Lorenz Bäß.

Be=

Benef. Bauhofischer zu Oberhausen, Herr Sebastian Zeller.
Fruhmesser daselbst, erstgedacht. Herr Sebastian Zeller.

Rural = oder Landkapitel Agawang.

Dechant Herr Bernard Berkmann, SS. Th. Exam. & Adprob. Pfarrer in Dinkelscherben.
Kammerer Herr Barthol. Wirth, SS. Th. Bac. Pfarrer zu Biburg.
Adelsried Herr Joseph Franz Xaver Zimmermann.
Agawang Herr Georg Wagner.
Anhausen Herr Johann Georg Kügelmann.
Aretsried Herr Johann Michael Schwöger.
Aystetten Herr Sebastian Leins.
Batzenhofen Herr Joseph Trautwein.
Biburg siehe Kammerer.
Bonstetten Herr Joseph Dössinger.
Breitenbrunn Herr Sebastian Dietmayr.
Dietkirch Herr Aloys Pröll.
Dinkelscherben siehe Dechant.
Döpshofen Herr Johann Nepomuck Zöschinger.
Fischach Herr Johann Georg Schreter.
Hader Herr Franz Joseph Paulus.
Heinhofen Herr Quirinus Fries.
Horgau Herr Franz Wagner.
Kutzenhausen Herr Anton Nidermayr.
Ottmarshausen Herr Franz Xaver Steljer.
Ried Herr Christian Hitzelberger, Ex - Decan.
Rummeltsried Herr Franz Xav. von Precht. ✠
Steinekirch Herr Johann Georg Krach.
Täfertingen Herr Ferdinand Brunner.
Usterspach Herr Joseph Kohlmann.
Willishausen Herr Anton Heußler.
Wollbach Herr Franz Xav. Zacherer.
Wörlenschwang Herr Joseph Preiß.
Zußmershausen Herr Johann Thomas Spring. ✠
Fruhmesser zu Zußmershausen Herr Jakob Frey.

Spitalbenef. zu Dinkelscherben Herr Jos. Aloys Eberle.
Benef. in Diedorf Herr Johann Maria Hindelang
Frühmesser und Benef. zu Häder Herr Joseph Dosch.
Benef. zu Wollmatshofen, Herr Sebastian Geiger.
Benef. zu Margartshausen, Herr Bartholomäus Brandl
 hueber.
Benef. auf dem Kobel. Herr Anton Schreiber.

Landkapitel Aichach.

Dechant Herr Georg Godfried Higler, SS. Th. Doct.
 Stadtpfarrer zu Aichach.
Kämmerer Herr Karl Seng, Pfarrer zu Tandern
Aichach siehe Dechant.
Aufhausen und Lauterbach Herr Godfried Metzger.
Bernbach Herr Caspar Breitenbach
Berwach Herr Friederich Higler.
Ecknach Herr Anton Dumbs, zweyter Assistens.
Eresing Herr Aloys Steidle.
Gallenbach Herr Andreas Zeller.
Großhansen Herr Karl Mannhart
Hörtshausen Herr Johann Bapt. Saxenhauser.
Hilgertshausen Herr Aloys Graß.
Junkenhofen | Herr Anton Mandl.
Klenau
Klingen Herr Paul Wasler.
Rühebach Herr Andreas Fronhofer, SS. Th. Lic. Chur-
 pfalzbayrischer wirkl. geistl. Rath.
Laymering Herr Johann Baptist Baur.
Maurbach-Ober Herr Michael Hueber.
Pipisried Herr Dominikus Laushueber.
Randelsried Herr Felix Ignatz Sigel.
Rupertozell Herr Philipp Mayr.
Schildberg Herr Kaspar Seidel, erster Assistens.
Singenbach Herr Franz Andreas Popp.
Schönbach-Unter Herr Franz Xaver Schöllhorn.
Schrobenhausen Herr Andreas Christop Reichs-Frey
 herr von Lilgenau ꝛc. vierter Assistens.
Tandern siehe Kämmerer.

Thal

Thalhausen Herr Clemens Schel.
Waidhofen Herr Georg Michael Heldmann, dritte
  Assistens.
Weylach Herr Franz Schreyer.
Prediger zu Aichach Herr Johann Nep. Fungi.
Benef. zu Oberwittelspach Herr Jos. Anton Kieser
Benef. zu Aichach Herr Sebastian Melchior Felix Lab
  berger.
Benef. zu St. Leonhard in Aichach Herr Joseph
  Vögele.
Benef. zu St. Salvator daselbst Herr Johann Mi
  chael Pickl.
Benef. zu Schrobenhausen Herr Niklas Aloys
  Wagner.
Benef. zu U. L. F. allda, Herr Franz Xaver Bernart
  Werris.
Benef. zu Oberlauterbach Herr Simon Gebendorfer
Benef. zu Haslangkreit Herr Franz Xav r Kluiber.
Benef. zu Waidhofen Herr Bartholomä Brand.
Benef. zu Bainberg Herr Franz Wanner.
Benef. zu Beutenhausen Herr Pfarrer zu Schönbach.

Landkapitel Bayrmünching.

Dechant Herr Georg Ludwig Donant, Pfarrer zu
  Althegnenberg.
Kammerer Herr Fidel Placidus Dobler, Pfarrer zu
  Hochdorf.
Althegnenberg siehe Dechant.
Bachern Herr Sixtus Leichtenstern.
Baindlkirch Herr Joseph Franz Xaver Fritz.
Bayrmünching oder Merching Herr P. Colum-
  ban Poppel, Ord. St. Benedict. Prof. in Ettal.
Brideriching Herr Andre Leonhard Ruedorfer.
Burck Herr Franz Xaver Aumiller.
Dinzelbach Herr Firmus Heinrich Happ.
Egling Herr P. Bened. Däzl, Ord. St. Bened: Prof.
  in Ettal.
Eresried Herr Franz Anton Rößle

Hochdorf siehe Kammerer.
Küssing Herr Joseph Ignatz Wolf.
Mittelsretten Herr Franz Joseph Baur.
Möhringen Herr Maximilian Graß.
Ottmaring Herr Sebastian Pacher, Churpfalzbayerischer wirkl. geistl Rath.
Resignirter Dechant und Pfarrer daselbst Herr Joh. Simon Wolfgang Zwack, Churpfalzbayerischer wirkl. geistl Rath.
Schmiechen Herr Anton Wolfgang.
Steinbach Herr Felix Beer.
Steindorf Herr Peter Puchner, Reg. Chorherr in Rottenbuch.
Winkel Herr Anton Trieb.
Frubmesser zu Möhringen Hr. Joh. Nep. Schmelcher.
Benef. zu Bergen Herr Gottfried Kiecher.
Benef. zu Brücerching Herr Joseph Aumiller.
Benef. zur Kapelle bey Schmiechen Herr Urban Braudstetter.

Landkapitel Baysweil.

Dechant Herr Johann Bapt. Federle, S. T. L. Pfarrer in Wörishofen.
Kammerer Herr Jos. Steinle, Pfarrer zu Stockheim
Amberg Herr Ignatz Betz.
Apfeltrach Herr Jakob Landes.
Bayersried Herr Franz Joseph Mayr.
Baysweil Herr Martin Klotz.
Dorschhausen Herr Joseph Dietrich.
Eggenthal Herr Johann Nep. Magg.
Etringen Herr Aloys Furer.
Ingetried Herr P. Paulus Münkhofer, St. Bened Ord. Profeß in Irsee.
Irsingen Ober Vikari Herr P. Johann Nep. Oberdorfer Prämonstrat. Ord. Profeß in Steingaden.
Kirchdorf Herr Johann Simon Baur.
Lauchdorf Herr Joseph Bened. Schneider.
Mattsies Herr Franz Anton Hampp
Mindelau Herr Johann Erasmus Zarmann.

Nassenbeuren Herr Abraham Kerler.
Rammingen = Unter Herr Franz de [?]
  ster, S. T. D.
Schlingen Herr Franz Xav. Schmi[?]tue
  fürstl. kempt. geistl. Rath und Erdeca[?]
Stockheim siehe Kammerer.
Türkheim Herr Georg Aloys Mayr.
Warmidried Herr Joseph Anton Gast.
Widergeltingen Herr P Heinrich Are[?]
  Ord. Profeß in Steingaden.
Wörishofen siehe Dechant.
Fruhmesser zu Türkheim Herr Johan[?]
Fruhmesser zu Apfe frach Her: Niklas [?]

Landkapitel Burkh[eim]

Dechant Herr Johann Sebastian H[?]
  zu Burckheim. *pfr Mirnom*
Kamerer Hr. Franz Andre Braun, Pfarr.
Altisheim Herr Georg Andre Tenscher.
Bertoldsheim Titl. Herr August A[?]
  Leuprechting.
Burkheim siehe Dechant.
Gansheim Herr Peter Anton Schwe[?]
  & SS. Can. Cand.
Hietingen Herr Joh. Bapt. Sedelmayr
Lechsend Herr Christoph Wanner.
Leutling Herr Jakob Bleitzhofer.
Marxheim Herr Karl Anton Hammerl[?]
Manren Herr Wilhelm Christoph Him[?]
Nefsend Herr Mathias Koller.
Ortlfing Herr Joseph Franz Anton Neu[?]
Rennershofen siehe Kammerer.
Stepperg Herr Niklas Grau.
Straß Herr Franz Anton Burckhard.
Teuting Herr Philipp Schredle.
Trugenhofen Hr. Pet. Franz Xav. v. Ta[?]
Uebersfeld Herr Simon Joseph Sch[?]
Wellheim Herr Franz Rudolph Freyhe[?]
Benef. zu Wellheim Herr Joseph Zeller.
Fruhmesser zu Rennerthofen Herr Geor[?]

Landkapitel Dilingen.

Dechant Herr Joseph Xav. Hosemann, SS. Th. Doct. Pfarrer zu Donaualt - und Schretzheim, auch Profeß. Theologiæ auf der Bischöfl. Academie in Dillingen.
Kammerer Herr Karl Ant. Rebay, Pfarrer in Riedhausen.
Alt - und Schretzheim siehe Dechant.
Dilingen Titl. Herr Johann Adam Freyherr v. Herresdorf, siehe ein hohes insulirtes Domkapitel.
Spitalpfarrer allda Herr Franz Xaver Betzel, SS. Th. Bac. hochfürstl. augsburg. Hofkaplan.
Fristingen Herr Karl Echerer.
Oberstotzingen Herr ~~Andre Stanislaus Baur.~~
Riedhausen siehe Kammerer.
Unterstotzingen Herr Joseph Anton Boser.
Wittislingen Herr Jos. Ant. Schneller, SS. Th. Doct. Profeß. und Direkt. Stud. auf der bischöfl. Akad. zu Dillingen.
Benef. zu Unterstotzingen Pfarrer im Ort.

Landkapitel Dinkelsbühl.

Dechant Herr Karl Franz Hämmerlen, Stadtpfarrer zu Dinkelsbühl.
Dinkelsbühl siehe Dechant.
Halspach Herr Martin Kleesatl, T. O Alum.
Willburgstätten Herr Franz Joseph Voisin.
Benef. zu Dirrwangen Herr Ferdinand Heusler.
Benef. zu Dinkelsbühl Herr Bernhard Bayr, auch erster Kospetator allda.

Landkapitel Donauwörth.

Dechant Herr Joseph Egender, Pfarrer zu Wörnitzstein.
Kammerer Herr Joh. Michael Adam Domayr, J. U. D. & Th. Lic. Protonot. Apost. churpfalzbaieris. wirkl. geistl. Rath, und Stadtpfarrer zu Donauwörth.
Berg Herr Lorenz Eyerl.

Bißingen Herr Ignatz Wild.
Deggingen Herr P. Beda Sutor, Ord. St. Bened. Profeß und der Zeit Prior allda.
Deiningen Herr Niklas Schneider.
Donauwörth siehe Kammerer.
Donauwörth Klosterpfarr zum Heil. Kreuz, Herr P. Columban Voraus, Ord. St Bened. Profeß, der Zeit Vikarius.
Fronhofen Herr Joseph Ulrich Kieser.
Hoppingen Herr P. Benedict. Dopfer, Ord. St. Bened. Profeß. in Deggingen.
Klein-Nördlingen Provisor Herr Joseph Jauman.
Reimlingen Herr Kaspar Carli, O. T. P.
Wörnitzstein siehe Dechant.
Zirgisheim Herr Anton Klein.
Erster und 5. Uhr Fruhmeß. Beneficiat zu Donauwörth, Herr Joseph Kordan.
Zweyter und 6. Uhr Fruhmeß-Beneficiat bey der schmerzhaften Mutter, Herr Joseph Edmund Hermann.
Erster Stadtpfarrkaplan und Beneficiat bey St. Anna, Herr Franz Xaver Kratzer.
Zweyter Stadtpfarrkaplan und Beneficiat bey St. Leonhard, Herr Franz Miller.

Vakante Priester.

Herr Philipp Vell.
Herr Lorenz Waudrerel.
Herr Georg Anton Kordan.

Landkapitel Elchingen.

Dechant Herr Andre Hotz, Pfarrer zu Unter-Elchingen.
Bißingen und Launthal Herr Stephan Schiferle.
Rammingen Herr Mathias Zinsmeister.
Talfingen ein Profeß in Elchingen.
Unter-Elchingen siehe Dechant.
Wösterstätten Herr Anton Popp.
Vikarius in Ober-Elchingen, ein Profeß in Elchingen.
Vikarius in Lindenau ein Profeß zu Kaisersheim.

Landkapitel Ellwang.

Dechant Herr Johann Andre Stornbacher S. T. Bac. Pfarrer zu Unterkochen
Kamerer Thad. Mart. Veeser, S. T. Bac. Pfarrer zu Hofen.
Abtsgmünd Herr Johann Jakob Hochenleuchter, zweyter Assistens.
Aufhausen Herr Johann Heinrich Hillebrand.
Berspach Herr Johann Melchior Waitzmann.
Dalkingen Herr Franz Sebastian von Petlenkofer.
Dewang Herr Johann Adam Hertzer S. T. L.
Ellenberg Herr Joseph Xaver Singheißer.
Ellwang Herr Franz Joseph Baumeister.
Herzfeldhausen Herr Johann Michael Roth.
Hittlingen Herr Johann Baptist Brender.
Hofen siehe Kammerer.
Jagsthausen und Westhausen Herr Conrad Kirsch, deutsch Ordens-Priester.
Lauchheim Herr Johann Michael Höpfner, deutsch Ordens-Priester.
Neuler Herr Jos. Anton Rathgeb.
Oberkochen Herr Georg Anton Gerhardi.
Pfahlheim Herr Joseph Horlacher.
Reblingen Herr Martin Ziegler.
Rissingen Herr Joh. Laurentin Kanz, erster Assistens.
Röttingen Herr Johann Balthasar Römer.
Schwabsberg Herr Johann Melchior Ostertag.
Stöttlen und Wörtlen Herr Franz Xav. Höpfel.
Unterkochen siehe Dechant.
Zimmingen Herr Michael Fischer.
Waldhausen Herr Franz Xaver Heilig.
Frühmesser zu Unterkochen Herr Joh. Bapt. Mayer.

Landkapitel Friedberg.

Dechant Herr Joh. Michael Klotz, Pfarrer zu Paar.
Kammerer Herr Johann Georg Miehling, Pfarrer zu Rehling.
Aelzhausen Herr Peter Lederer.
Issing Herr Karl Andreas Schmid.
Kindling Herr Joseph Michl.

Almos Herr Anton Gebhard.
Aulzhausen Herr Johann Nepomuck Schlitter.
Daßingen Herr Joh. Nep. Langenmantel von Westheim
Daiting Herr Fridolin Kreutzer.
Edenried Herr Joseph Anton Grünfieß f.
Friedberg Titl. Herr Franz Joseph Wilhelm Tänz
  Freyherr von Tratzberg.
Stadtprediger alda Herr Franz Xaver Fasold.
Gebenhofen Herr Jakob Mayr.
Griesbach Herr Johann Gottfried Schwaiger, hoch
  fürstl. augsb. geistl. Rath.
Griesbeckerzell Herr Sebastian Diebold.
Haberskirch Herr Andre Regele.
Haunswies Herr Thomas Jesenwanger.
Hertshausen Herr Augustin Kappelmayr, J. U. L.
Hohenzell Herr Thomas Kopf.
Hollenbach Herr Siard Schöpf.
Igenhausen Herr Paul Ferer.
Paar siehe Dechant.
Rehling siehe Kammerer.
Revespach Herr Johann Nep. Gauggenrieder.
Rieden Herr Johann Georg Usum.
Seinbach Herr Franz Zenger.
Stetzlingen Herr Aloys Schugraf, S. T. D.
Stotzart Herr Sebastian Bihler.
Sulzbach Herr Joseph Anton Weiß.
Terching Herr Franz Xav. Lesti.
Tettenried Herr Anton Holl.
Todtenweis Herr Franz Anton Bögle.
Weßiszell und Ziegelbach Herr Max. Jos. Kohlmann.
Wilpertszell und Hochenried Herr Leonh. Brüggelmayr
Zalling Herr Ludwig Wohlfart.
Benef. zu Wolfertshausen, und Rettenberg siehe Stadt
  prediger zu Friedberg.
Benef. zu St. Niklas zu Au, Titl. Herr Eustach Freyher
  von Hornstein.
Benef. zu U. L. H. Ruhe, Herr Eustachius Weinmayr.
Frühmesser zu Friedberg, Herr Benedikt Lutz.
Benef. zu St. Sebastian in Friedberg Herr Jakob Chri
  stoph Pracht.

Benef. zu St. Leonhard in Inchenhofen Herr Michael Braun.
Benef. zu Bichel, Herr Xaver Rist.

Landkapitel Füssen.

Dechant Herr Franz Xav. Selb, Pfarrer zu Pfronten.
Kammerer Herr Franz Jos. Burkhard, Pfarrer zu Bernbeuren.
Bernbeuren siehe Kammerer.
Füssen Vikarius Herr P. Sympert Holzmann, Ord. St. Bened. Profeß allda.
Hopfen Herr Martin Berchtold.
Lech- und Lechbruck Herr Joseph Schwaiger.
Pfronten siehe Dechant.
Rieden Herr Joseph Maurus Ehelm.
Roßhaupten Herr Johann Martin Baur.
Seeg Herr Franz Xaver Gößenz.
Weisensee Vikarien Profeß O. d. St. Bened in Füssen.
Zell Herr Narzis Wengle.
Benef. zu Bernbeuren, Herr Anton Milz.
Benef. zu Lengenwang Herr Godefried Erhard.
Benef. zu Samester Herr Magnus Anton Dopfer.
Benef. zu Ruckholz ein Profeß zu St. Mang in Füssen.
Benef. zu Hopfrau Herr Joseph Benedikt Albrecht.
Benef. zur Kapelle bey Pfronten Herr Joseph Hipp.
Spitalbenef. in Füssen Herr Joh. Georg Glogger.

Landkapitel Gmünd.

Dechant Herr Michael Ziegler, SS. Th. & SS. Can. Cand. Pfarrer zu Lautern.
Kammerer Herr Bened. Storr von Ostrach J. U. C. Pfarrer zu Möglingen.
Bargau Herr Johann Bapt. Debler.
Bettringen Herr Johann Netzel.
Gmünd Herr Franz Xaver Debler, hochfürstl. augsb. geistl. Rath, Stiftspropst und in der Pfarrey hochbischöfl. Kommissar.

Heuchs

Heuchlingen Herr Joseph Hueber.
Hohenstatt Herr Tobias Anton Poppel.
Ickingen Herr Georg Franz Twinger, zweyter Assistens.
Lautern siehe Dechant.
Leinzell Herr Johann Christoph Mayr
Mögglingen siehe Kammerer.
Mutlangen Herr Johann Bapt. Walter.
Schechingen Herr Johann Bapt. Ludwig.
Spreitbach Herr Johann Georg Weitmann, SS. Th.
  Exam. & Approb.
Straßdorf Herr Franz Xav. Hasseitl.
Weiler Herr Anton Schedel.
Weschenbeuren Herr Franz Anton Wörle, erster Assistens.
Wetzgau Herr Johann Leonhard Arnold.
Zimmerbach Herr Karl Brentano Moreto, S. T. L.
Herlikofen Pfarrprovisor Herr P. Gallicanus Waibl,
  Ord. Prädicat. von Gmünd.
Benef. in Minhof, Herr Johann Kayser.
Benef. in Unterbebingen, Herr Joh. Kaspar Höfele.
Benef. in Falkenstein, Herr Ignatz Eggert.

Landkapitel Höchstätt.

Dechant Herr Anton Frankenreiter, Pfarrer in Sonderheim.
Kammerer Herr Johann Michael Bihler, Pfarrer in
  Mörschlingen
Blindheim Herr
Diemantstein Herr   Frankenreiter.
Finningen Ober Herr Dominikus Mayr, SS. Th. Lic.
Höchstätt Herr Joseph Guggenberger.
Ricklingen Herr Johann Georg Grill, der H. Schrift
  Exam. & Approb.
Liezheim-Ober Herr Joseph Kohnle.
Liezheim-Unter Vikari Herr P. Narziß Goggel, Ord.
  St. Benedikt. Profeß bey St. Ulrich in Augsburg, und
  Probst alda.

Lutzingen Herr Johann Michael Mertl.
Mörschlingen siehe Kammerer.
Münster und Herlingshofen Herr Joseph Gail.
Schwennenbach Herr Franz Xaver Kolb.
Schwenningen Herr Ludwig Zucchi S. T. D.
Sonderheim siehe Dechant.
Steinheim Herr Fidelis Gall S. T. L.
Tapfheim Herr Andreas Mayerhofer.
Benef. zu St. Georg in Gremheim; siehe Schwenningen.
Benef. zu St. Andre in Gremheim Herr Johann Bapt. Klaiter.
Benef. zu St. Veit in Höchstätt Herr Joseph Schwertschlag.
Benef. im Spital zu Höchstätt Herr Johann Baptist Ostertag.
Benef. zu Unterglauheim Herr Melchior Schirmböck.
Benef. in Oeissenhofen Herr Franz Jos. Schaftigl.

Landkapitel Höhenwarth.

Dechant Herr Georg Franz Läuer, S. T. L. Pfarrer zu Lindach und Eulenried.
Kammerer Herr Franz Sales Stark, Pfarrer zu Hochenried.
Adelshausen Herr Johann Baptist Miller.
Affalterbach und Heimpertshofen Herr Johann Paul Riedmayr, zweyter Assessor.
Berg im Gäy Herr Franz Xaver Amberger.
Bobenhausen Herr Johann Martin Felbermayr.
Buech Herr Gebhard Gräßl, S. T. L.
Deimhausen Herr Joseph Anton Sibinger.
Edelzhausen Herr Andre Graf, erster Assessor.
Ehrenberg Herr Mathias Reinthallhammer.
Eurenbach Herr Johann Georg Pöckl.
Eutenhofen Herr Franz Xaver Stickl.
Feilenbach Herr Guilielmus von Münster, S. T. D.
Freyhausen Herr Jakob Weishart.
Gebelspach Herr Jakob Linerbaur.

Gun-

Gundamsried Herr Philpp Jakob Klinger.
..nried siehe Kämmerer.
..chenwarth Herr Dionys Hangel.
..in-Reichertshofen Herr Franz Schön.
Lindach und Eulenried siehe Dechant.
Paffenhofen Herr Peter Mindl.
Pörnbach Herr Thad. Habenberger.
Rohr und Gembach Herr Philipp Daumann.
Steineskirchen Herr Martin Katzenbogen.
Tegernbach Herr Joseph Anton Bayr, S. T. D.
Uttenhofen Herr Christian Mayr.
Wahl und Rohrbach Herr Joseph Egidi Khümerl.
Weichenried Herr Joseph Brand, dritter Assessor.
Benef. und Fruhmesser zu Berg im Gay, Herr Wendelin Schmid.
Fruhmesser zu Höchenwarth Herr Joseph Reiter.
Benef. zu Brunnen Herr Karl Widmann.
Benef. zu Pfaffenhofen in dem Spital allda, Herr Joseph Mathias Möt.
Benef. zu Pfaffenhofen Herr Johann Ulrich Aigenspurger.
Benef. zu Niderarnbach Herr Peter Aichmayr.
Benef. auf dem Kalvariberg Herr Ignatz Bruggmayr

Landkapitel Ichenhausen.

Dechant Herr Franz Jos. Feichtmayr SS. Th. Doct. hochfürstl. augsburg. wirkl. geistl. Rath, Stadtpfarrer zu Günzburg und des k. k. Gymnasiums daselbst Direktor.
Kämmerer Herr Johann Ignatz Egner, Pfarrer zu Edelstetten, auch des adelichen Stifts Beichtvater.
Anhausen und Limbach Herr Peter Paul Lechner.
Anhofen und Rissendorf Herr Benedikt Reinhard.
Autenried Herr Amand Wocher.
Bleichen Herr Johann Bapt. Schwager.
Böhlingen Herr Johann Michael Seiff.
Bubesheim Herr Aloys Bayr.
Burgau Herr Leonhard Mayr.
Edelstetten siehe Kämmerer.

Etten-

Ettenbeuren Herr Martin Löwer
Günzburg siehe Dechant.
Haslach Vikari, ein Profeß in Ursperg, Prämonstr. Ord.
Heselhurst und Wattenweiler, ein Profeß. in Wettenhausen.
Hochwang Herr Johann Mayr.
Ichenhausen Herr Johann Georg Frey.
Remnath Herr Franz Xaver Leonhard.
Knöringen Vakat.
Rötz-Groß Herr Johann Michael Steiner, S. T. L.
Rötz-Klein Herr Joseph Anton Kreutzer.
Neuburg Herr Melchior Vogele.
Offingen Herr Anton Ertle.
Orenbrunn Herr Johann Baptist Schreiner.
Rieden Herr Franz Xaver Ußmann.
Rettenbach Herr Johann Baptist Sach.
Stoffenried Herr Joseph Weiß.
Tessingen Herr Johann Georg Sernböck.
Waldstätten Herr Xaver Eger.
Wettenhausen ein Profeß allda.
Wisenbach Vikari Herr P. Hugo, Profeß von Roggenburg.
Vikarius in Hammerstetten, ein Profeß von Wettenhausen.
Vikarius in Deubach, ein Profeß in Wettenhausen.
Benef. Graffeneggischer zu Günzburg, Herr Johann Kaspar Fux, SS. Th. Lic. hochfürstl. angeb. geistl. Rath.
Fruhmesser zu Günzburg Herr Joseph Bögner.
Benef. zu Leinheim und
Benef. im Spital zu Günzburg Herr Leonhard Wild.
Benef. St Anna in Günzburg Herr Johann Georg Schmid.
Prediger zu Günzburg Herr Johann Nepomuck Stengle.
Benef. zu St. Johann von Nepomuck in Günzburg, Herr Johann Obeser.
Benef. zu Rettensburg Herr Lorenz Ruesch.

Benef.

Benef. zu Echlishausen, Herr Joseph Kachler
S. Th. Lic.
Fruhmesser zu Rettenbach, Herr Anton Wachter.
Fruhmesser zu Neuburg, Herr Franz Anton Fingerle
Benef. zu Remshard, Herr Peter Paul Knappich.
Benef. im Schloß zu Neuburg, Herr Leopold
Wickler.
Fruhmesser zu Ichenhausen, Herr Johann Michael
Kaupfer.
Benef. zu Edelstätten, Herr Raphael Franz Xaver
Gräbl.
Fruhmesser zu Edelstätten, Herr Aloys Heruer.
Fruhmesser zu Böhlingen, Herr Franz Joseph Fal-
tinger, J. U. D. Comes Palat. Cæsar.
Fruhmesser zu Ettenbeuren, Herr Alexander Mi-
chael Fidel. Bubäus.

Landkapitel Jettingen.

Dechant Herr Franz Jann, S. T. D. hochfürstl. augsb
wirkl. geistl. Rath, und Pfarrer zu Scheppach.
Kammerer Herr Johann Michael Walter, Pfarrer zu
Gablbach.
Aislingen Herr Johann Michael Steidle.
Anried Herr Narcissus Seitz.
Ettelried Herr Joseph Hofmann.
Fleinhausen Herr Johann Bapt. Merck.
Freyhalden Herr Franz Joseph Eppler.
Gablbach siehe Kammerer.
Glött Herr Benedikt Oßwald.
Grünenbaint Herr Mathias Knöpfle.
Gunremmingen Herr.
Hafenhofen Herr Franz Joseph Six.
Jettingen Herr Joseph Baumeister.
Landersperg Herr Anton von Vikari.
Mindelaltheim Herr Joseph Mech.
Minsterhausen Herr Johann Sebastian Self.
Rechberggreiten Herr Johann Georg Molitor.

F   Ried

ried Herr Valentin Reidmayr.
Jösingen Herr Johann Michael Gast.
Scheppach siehe Dechant.
Schönenberg Herr Johann Karl Brentano Mezegra, S. T. D.
Thainhausen Herr Johann Thomas Mayrhofer.
Thürlauingen Herr Franz Xaver Schuster.
Waldbach Herr Godefried Hörmann.
Waldkirch Herr Andreas Endris.
Winterbach Herr Franz de Paula Müller.
Ziemetshausen Herr Johann Georg Nuhn.
Benef. zu Haldenwang, Herr Franz Xaver Ertle.
Fruhmesser zu Aislingen, Herr Joh. Mich. Sailer, S.T.D. Churpfalzbayrischer wirklicher geistl. Rath und Lehrer der Pastoral=Theologie und Moral=Philosophie an der hohen Schule zu Dillingen.
Fruhmesser zu Gundremmingen, Herr Aloys von Schad.
Fruhmesser zu Jettingen, Herr Joseph Jchle.
Fruhmesser zu Zimetshausen, Herr Anton Baader.
Fruhmesser zu Thainhausen, Herr Johann Georg Hampp.
Benef. zu aller Heiligen, Herr Franz Borg. Baumann.
Benef. zu Jettingen, Herr Martin Seitz.
Benef. zu Baumgarten, Herr Joseph Thurner.
Benef. zu Konzenberg Herr Joseph Baugger.

Landkapitel Kaufbeuren.

Dechant. Herr Joseph Anton Merk, Pfarrer zu Oberostendorf.
Kammerer Herr Franz Xav. Wöller, Pfarrer zu Aufkirch.
Aufkirch siehe Kammerer.
Beckstetten Herr Johann Anton Schlatterer.
Emmenhausen und Brunnen Herr Franz Xaver Hartler.
Eyrishofen und Schwabishofen Herr Thomas Demetrius Vogele.
Germaringen=Ober Herr Ignatz Wagner.
Germaringen=Unter Herr Wendelin Sprenzel.
Gutenberg Herr Johann Maria Pfeiffer.

Hausen ein Profeß in Steingaden.
Hirschzell Provisor Herr Stadtpfarrer zu Kaufbeuren.
Honsolgen Herr Franz Anton Baumeister.
Jengen Herr Joseph Wörz.
Irsee Herr P. Bernhard Miller, Ord. St. Bene
    Profeß allda.
Kaufbeuren Herr Ignatz Meichelbeck, S. T. D.
Retterschwang Herr Kaspar Willibald Fesenmayr.
Lengenfeld Herr Joseph Anton Schegg.
Lindenberg Herr Joseph Fortunat. Keller.
Maurstätten Herr Joh. Nep. Greiff.
Oberostendorf siehe Dechant.
Pforzen Herr Joseph Anton Baumann.
Rieden Herr Joseph Bachmann. Provisor.
Stöttwang Herr Franz Anton von Springer.
Tösingen Herr Franz Anton Berchtold.
Wahl Herr Ivo Jung. J. U. D.
Wahlhaupten Herr Johann Michael Böhm.
Weicht und Weinhausen Herr Anton Zech.
Westendorf Herr Joseph Anton Rheiner.
Benef. zu Jengen Herr Franz Bened. Zwick, S.T.L
Fruhmesser zu Waal Herr Joh. Nep. Hechenstorfer.

Landkapitel Kempten.

Dechant Herr Judas Thaddäus Jäger, S.T.L. Pfarrer
    zu Stephans-Rettenb.rg.
Kammerer Herr Franz Sales Kisl, SS. Th. & SS.
    Can. Cand. Pfarrer zu Hindelang.
Agatazell Herr Christoph Rahn.
Altstetten Herr Anton Walter.
Betzigau Herr Johann Leonhard Paulini.
Burgschellang Herr Franz Huber.
Durach Herr Johann Georg Schopp.
Hindelang siehe Kammerer.
Lenzfried Herr P. Philippus Nerius Christmann, der
    minderen Brüder Recoll. Guardian allda.
Meiselstein Herr Joh. Nepomuck Schneider.
Mittelberg Herr Anton Miller.
Moosbach Herr Joseph Math.

Neſſelwang Herr Fidel Brutſcher.
Oberſtorf Herr Joh. Socher, SS. Th &SS.Can Cand.
  frey reſignirter Dechant, hochfürſtl. augsburgiſ. geiſtl.
  Rath.
Ottacker und Ried Herr Joſeph Hopt.
Peterothal Herr Johann Jakob Jeck.
Rauchenzell Herr Franz Geyer
Rettenberg Stephans ſiehe Dechant.
Rettenberg vor der Burg Herr Joſeph Lang.
Rießlern Herr Johann Bapt. Lisk.
Schröcken Herr Johann Joſeph Zimmermann.
Sonthofen Herr Ferdinand Rack.
Sulzberg Herr Joſeph Graf.
Tamberg Herr Johann Bapt. Rüſcher.
Tanheim Herr Gratian Gärtner.
Warth Herr Joach Anton Schneider.
Wertach Herr Joſeph Wittwer.
Wilboldsried Herr Franz Joſeph Heitle.
Benef. im Spital zu Sonthofen Herr Markus
  Kindsvater.
Benef Welziſcher zu Sonthofen Herr Joh. Mar-
  tin Seigger.
Fruhmeſſer zn Oberſtorf Herr Johann Tauſcher.
Fruhmeſſer zu Sulzberg Herr Joſeph Rid.
Fruhmeſſer zu Rettenberg Herr Ignatz Menz.
Benef. zu Maria Rhein Herr Joſeph Anton Hinde-
  lang.
Benef. im Spital zu Neſſelwang Herr Roman An-
  ton Hartung.
Benef zu Schwarzenberg Herr Michael Brack.
Benef. zu Rottach Herr Joh. Georg Unſin.
Benef. zu Burgberg Herr Thomas Neuberg.
Benef. zu Bodelsperg Herr Sebaſtian Stehele.
Benef. zu Krumbach
Benef zu Schattwald Herr Philipp Frick.
Benef. zu Zug Herr Eugen Meiner.
Benef. zu Neſſelwängle Herr Konrad Landes.
Fruhmeſſer zu Hindelang Herr Martin Fiſcher.
Benef zu Hohenkrait Herr Joſeph Guggemos.

Land.

Landkapitel Kirchheim.

Dechant Herr Johann Melchior Walter, S. T. D Pfarrer in Wald.
Kammerer Herr Lorenz Weser, Pfarrer in Königshausen.
Aichen Herr Joseph Weiß.
Angelberg Herr Joseph Hörterich, J. U. L.
Balzhausen Herr Johann Baptist Diessenbacher.
Klimach Herr Jeremias Geiger.
Konradshofen Herr Franz Xaver Nobes.
Eppishausen Herr Georg Ayrenschmalz
Grimmolzried Herr Franz Anton Strehler.
Hasebach Herr Johann Nepomuck Socher.
Immelstetten Herr Joseph Thalhofer.
Kirchheim Herr P. Maximilian Jäger, Prediger Ordens, Prior allda.
Provisor zu Kirchheim im Markt und Spöck Herr P. Rogeri Haug, Prediger, Ordens.
Provisor zu Derndorf und Diesenried, Herr. P. Balthasar Wöhrle, Prediger Ordens von Kirchheim.
Königshausen siehe Kammerer.
Langeneufnach Herr Joh. Nep. Koch, SS. Th. & SS. Can. Cand.
Memmenhausen Herr Franz Ignatz de Crignis.
Mickhausen Herr Johann Michael Schafftetier.
Mitteleufnach Herr Bernhard Zech.
Mörgen Herr Jakob Fent t.
Obergessertshausen Herr Bankratz Abele.
Reichertshofen Herr Vincenz Morasch.
Reinhartshausen Herr Albanus Seitz.
Scherstetten Herr Aloys Bosch.
Siebenach Herr P. Ambrosi Michl, Profeß von Steingaden.
Siegertshofen Herr Cälestin Hirner.
Walkertshofen Herr Johann Evang. Domberger.
Wald siehe Dechant.
Willmatshofen Herr Johann Baptist Häckel.

Zeißertshofen Herr Franz Joseph Weiß.
Benef. zu Burg Herr Anton Steber.

Landkapitel Landsperg.

Dechant Herr Joseph Hagenreiner, S.T.L. Stadtpfarrer zu Landsperg.
Kammerer Herr Bernardin Frölich, Pfarrer zu Oberfinningen.
Apfeldorf Herr Gaudent. Burkhart, Profeß in Polling.
Bößing Herr Joseph Anton Horner.
Bürgen Herr Mathias Lacher.
Endriching Herr Franz Xaver Geiger.
Hagenheim Herr Franz Xaver Gebler.
Hofstetten Herr Johann Thomas Hayd.
Ißingen Herr Gregor Simpel, Ord. St. Bened. Profeß in Wessobrunn.
Landsperg siehe Dechant.
Spitalpfarrer allda Herr Joh. Michael Berghamer, S. T. L.
Ludenhausen Herr Sebastian Erhard.
Mühlhausen Unter Herr Joh. Bapt. Schallhamer.
Oberfinning siehe Kammerer.
Reichling Herr P. Joseph Bacher, Regul. Chorherr Profeß in Bernried.
Schöfflding Herr Marzell Metzger.
Schwifting Herr P. Bernhard Huber, Profeß in Rottenbuch.
Spötting Herr Franz Xaver Zwinck, Beneficiat zu Landsperg.
Stadl und Pflugdorf Herr Joh. Nep. Baader.
Stoffen Herr P. Clemens Kettl, Ord. St. Bened. Prof. in Berg Ander.
Tettenschwang Herr Ignatz Rasler.
Theining Herr Franz Ignatz Jessenwanger.
Unterfinning Herr Johann Evangelist Jais.
Wessobrunn Vikarius ein Profeß von daselbst.
Rot Provisor, ein Profeß in Wessobrunn.
Benef. Erster in Landsperg siehe Spitalpfarrer in Landsperg.
Benef. Zweyter, siehe Pfarrer in Spötting.

Benef. Dritter, zur heiligen Dreyfaltigkeit im auſſern Freythof Herr Andre Zwölfjahr.
Benef. Vierter, zu St. Johann im innern Freythof. Herr Ignaz Rafner.
Benef. Fünfter, zu St. Veit. ſiehe Bergen im Kapitel Schwabhauſen.
Benef. Sechster zum Herz Jeſu Herr Joh. Mart. Baur.
Benef. Siebender Frühmeſſer zu Landſperg Herr Georg Suiter.
Benef. Achter zu St. Eliſabeth, Herr Franz Xaver Sutor.
Benef. zu Oberfinning Vakat.

Landkapitel Lauingen.

Dechant Herr Georg Wonner, SS. T. D. Pfarrer zu Hauſſen und Profeſſor Jur. Can. an der hohen Schule in Dillingen.
Kammerer Herr Philipp Juvin Stadt Pfarrer zu Gundelfingen.
Bachhael Herr Joſeph Klingenbeck.
Bechingen Ober Herr Johann Simon Schmid.
Bechingen Unter Herr Johann Bapt. Kränzle.
Berkheim Herr Joſeph Kloſtermayr.
Burkhagel Herr Leonhard Wünſch.
Diemingen Herr Joſeph Weber, S. T. D. Profeſſor der Philoſophie an der hohen Schule in Dillingen.
Diſchingen Herr Simon Thaddäus Häußler.
Echenbrun Herr Joſeph Anton Mayerle.
Faimingen Herr P. Othmar Zernenſch, Prior Ord. St. Auguſt. Eremit. in Lauingen.
Gundelfingen Herr ſiehe Kammerer.
Hauſſen ſiehe Dechant.
Lauingen Franz de Paula Widman, S. T. Bac.
Medingen Herr P. Joh. Nep. Kling, S. T. M. Beichtvater allda, Prediger Ordens.
Medlingen Herr P. Florian Würth, S. T. M. Prediger Ordens Beichtvater allda.
Stauffen Herr Paul Schretzenmayr.
Tattenhauſen Herr Ludwig Zucchi, SS. Th. Doct.
Trugenhofen Herr Georg Trögele.

Pro-

Provisor in Faimingen Herr Ildephons Spang, ein
Proseß Eremit. Ord. St. August. zu Lauingen.

Provisor im Dorf Medingen, Herr P. Ludwig Donaut, Prediger Ordens.

Provisor zu Obermedlingen im Markt Herr P. Bertrand Beck, Prediger Ordens.

Provisor in Untermedlingen, Herr P. Franz Vocklinger, Prediger Ordens.

Fruhmesser zu Medingen Herr P. Hieronymus Heiß, Prediger Ordens.

Benef. Erster zu Lauingen Herr Thomas Beckle.

Benef. Zweyter Herr Johann Jakob Baumeister.

Fruhmesser zu Tischingen, Herr Joseph Mahler.

Benef. zu Gundelfingen und Veitriedhausen, Joh Nep. Reichenberger, S. T. D.

Fruhmesser zu Gundelfingen Herr P. Wendelin Klostermayr, Prediger Ordens, Procurator zu Obermedingen.

Landkapite Leeder.

Dechnt Herr Franz Anton Schott, Pfarrer in Unterdießen.

Kammerer Herr Johann Marquard von Eggs, Pfarrer in Thanneberg.

Asch Herr Joseph Xaver Czeick, S. T. L. Not. Apost. Romæ immatricul.

Brugg Herr Franz Leopold Wankmiller.

Burggen Herr Ignatz Jäger.

Denklingen Herr Joseph Anton Kempter, S. T. Bac.

Dießen-Ober Herr Andre Dempf.

Dießen-Unter siehe Dechant.

Ingenried Herr Johann Heinrich Hummel.

Leeder Herr Joseph Schmölz.

Sarenried Herr Johann Martin Wetzmiller.

Thanneberg siehe Kammerer.

Fruhmesser zu Denklingen Herr Dionys M. Uer.

Fruhmesser zu Ingenried Vakat.

Landkapitel Mindelheim.

Dechant Herr Franz Ignatz Reisch, S. T. L. Pfarrer zu Kamlach.
Kammerer Herr Franz Joseph Eisen, Pfarrer in Loppenhausen.
Aletohausen Herr Joseph Kajetan Weber.
Auerbach, Ober Herr Litus Buchhofer, Profeß zu Rottenbuch.
Auerbach, Unter Herr Florian Reiber.
Beederau Herr Norbert Pfanzelt.
Billenhausen Vikarius Herr P. Othmar Mändle, Ord. Pramonstrat. von Ursperg.
Breitenbrunn Herr Benedikt Seitz, H. Geist Ord. Profeß in Memmingen.
Dirlewang Herr Stanislaus Keller, S. T. Bac.
Eberohausen Herr Ulrich Gerstmanr.
Egg, Unter Herr Franz Joseph von Baccano, SS. Th. Doct.
Egelhofen Provisor Herr Ludwig Rößle, siehe Hasperg.
Erisried Herr Prosper Wonhaaß.
Eitenhausen Herr Franz Xaver Prestele.
Hasperg Herr Ludwig Rößle, SS. Th. Lic. hochfürstl. augsburg. geistl. Rath, und des bischöfl. Seminariums in Pfaffenhausen Regens.
Kamlach siehe Dechant.
Röngetried Herr Jakob Uttendorfer.
Krumbach Herr Joh. Nep. Mietinger, S. T. D.
Loppenhausen siehe Kammerer.
Mindelheim Titl. Herr Marquard Baron von Donnersberg
Nattenhausen Herr Jose. h Dauser.
Pfaffenhausen Provisor, siehe Hasperg.
Raunau Herr Joseph Gaßner.
Teussenhausen Provisor Herr Joseph Rager.
Ursperg Vikari Herr P. Aloys Högg Ord. Prämonst. zugleich Prior allda.
Waltenhausen Herr Georg Rausch.
Westernach Herr Joh. Bapt. Ignatz Bramberger.

Winzer Herr Franz Kreer, SS. Th. Lic.
Zeisershofen Herr Johann Georg Stehle.
Zell Vikari Herr P. Joseph Mayr, Ord. Prämonst. Proseß. in Ursperg.
Benef. zum H. Geist in Mindelheim, Herr Franz Borgias Högg.
Benef. zu U. L. Frau und St. Anna, Herr Aegidius Fischer.
Benef. zu St. Sylvester u. Paul, Herr Joseph Friederich Weiß.
Benef. zu St. Sebastian Herr Kaspar Zoller.
Benef. zum H. Kreuz und bey den Klosterfrauen, Herr Johann Baptist Schorer.
Benef. zu Salgen Herr Joseph Kornes.
Benef. zu Villenhausen Herr P. Herrmann Kurz, Prämonstrat. Ord. Proseß in Ursperg.
Benef. zu Haupeltohofen Herr Leonhard Weber.
Benef. zu Oberkamlach Herr Joseph Ignatz Miller.
Provisor zu Oberrieden. Vacat.
Benef. zu Unterrieden Herr Johann Nep. Miller.
Benef. zu Hausen Herr Joseph Rampp.
Vikarius in Bayersried ein Proseß in Ursperg.
Vikarius in Oberrohr Herr P. Nikol. Kolb.
Vikarius in Attenhausen Herr P. Sigmund Wendlinger, Proseß in Ursperg.
Vikarius in Edenhausen Herr P. Prosper Metzger, Proseß in Ursperg.

Landkapitel Neresheim.

Dechant Herr Joseph Anton Köberle, Stadtpfarrer in Neresheim.
Kammerer Herr Ignatz Faustus Dellaschab, Pfarrer zu Reisting.
Amertingen Herr Jakob Bayr.
Aurenheim Herr Franz Xaver von Söcklern.
Ballmertshofen Herr Stanislaus Bletler.
Bollstatt Herr Mathias Traub.
Dunstelkingen Herr Franz Xaver Mayr, S. T. D. hochfürstl. angsb. wirkl. geistl. Rath.

Eb.

Ebnet Herr Simpert Textor.
Eglingen Herr Johann Bapt. Schneider.
Elchlingen Herr Johann Euchar Koch.
Holchberg Herr
Rößingen Herr Joseph Linder.
Ruechen Herr Johann Georg Kieninger.
Merkingen Herr Johann Anton Scheufler.
Neresheim siehe Dechant.
Neresheim Reichs Gotteshaus Pfarr Titl. Herr Prälat Michael.
Vikar. Herr P. Georg Schaftheu le, zugl ich Subprior allda.
Reistingen siehe Kammerer.
Ummenheim Herr Simpert Vötter.
Zürtheim Herr Aloys Klaus.
Zöschingen Herr Martin Wackerle.

Landkapitel Neuburg.

Dechant He r Wolfgang Joseph Holl, J.U.L. churpfälz. geistl. Rath, und unterer Stadtpfarrer in Neuburg.
Kammerer Herr Franz Xaver Freyherr von Staader, S. T. D. hochfürstl. augsb. wirkl. geistl. Rath, und Pfarrer zu Weyhering.
Aunbach Herr Johann Michael Zöschinger, SS. Th. Lic
Baar Herr Johann Georg Holland.
Bittenbrunn Herr Johann Nep. Landl.
Detzenacker Herr Johann Georg Kiendle.
Dienzelhausen Herr Franz de Valois Fränzl, S. T. L.
Ebenhausen Herr Kajetan Spreng.
Ehekirchen Herr Franz Xaver Kienast.
Hollenbach Herr Johann Bapt. Lehmayr, S. T. D.
Manching Herr Jakob Lukas
Neuburg Oberer Stadtpfarrer u. Stiftdechant, Herr Karl Philipp Schönmetzler, S. Th. & SS. Cand. Can. churpfälz. geheimer geistl. Rath.
Unterer Stadtpfarrer siehe Dechant.
Oberhausen Herr Joseph Dollinger, J. U. L.
Oberstim Herr Joseph Aloys Schmid.
Reichertshofen Herr Franz Xav. Thall.
Ried Herr Franz Haberle.

Roh-

Rohrenfels Herr Michael Enderlein.
Seiboldsdorf Herr Johann Bapt. Mayr.
Sinning Herr Joseph Zauner.
Unterhausen Herr Johann Georg Kellermann.
Wagenhofen Herr Michael Stauffer, S. T. D.
Weyhering siehe Kammerer.
Zell und Bruck Herr Johann Sebastian Vogel.
Zucheving Herr Ignatz Gietl, S T D.
Benef. zu Maria Loreto in Neuburg. Herr Mathias Lunzner.
Benef zu St Wolfgang Herr Andre Graf.
Benef. zu Lichtenau Herr Sylvan Geralch.

Landkapitel Oberalting.

Dechant Herr Joseph Dillitzer, Pfarrer zu Frieding.
Kammerer Herr Franz Anton Graf, Pfarrer in Perchting.
Beuren Herr Franz Anton Schußmann.
Böcking Herr Mathias Wallner.
Dreßling Herr Peter Nibler.
Dutzing Vikari ein Profeß in Bernried.
Eching Herr Franz Ziegler.
Erling Vikari ein Profeß auf dem Berg Andex.
Feldafing Herr Franz Xaver Gisser.
Frieting siehe Dechant.
Hechendorf Herr Mathäus Schmelcher.
Inning Herr Joh. Georg Mändl.
Machelfing Herr Johann Nep. Lenker.
Oberalting Michael Scheidler.
Oberpfaffenhofen Herr Dominikus Berger.
Perchting siehe Kammerer.
Starenberg Herr Joh. Mich. Gögginger.
Straubing Herr Franz Xave Raisberger.
Unterbrünn Herr Joseph Pföderle.
Weßling Herr Andre Holzmann.
Benef. zu Wörth Herr Johann Georg Zaunstecken.
Benef. zu Oberalting Herr Pfarrer zu Dreßling.

Landkapitel Oberdorf.

Dechant Herr Valentin Unsinn, Pfarrer zu Oberdorf.
Kammerer Herr Johann Michael Baldauf, S. T. L. Pfarrer zu Brchtolzhofen.
Altdorf Herr Ferdinand Rigg, J. U. C. Not. Apost. & Cæsar.
Apfeltrang Herr Mang Anton Freudling, SS. Th. L. hochfürstl. kempt. wirkl. geistl. Rath.
Aytrang Herr Joseph Erdt.
Bernbach Herr Johann Georg Wetzler, S. T. L.
Berchtolzhofen siehe Kammerer.
Bidingen Herr Joseph Miller. ———
Ebenhofen Herr Johann Georg Sanz S. T. D.
Frankenhofen Herr Joseph Seltz.
Frankenried Herr Johann Martin Geiger.
Frisenried Herr Franz Joseph Filser.
Friesenried Herr Franz Xaver von Springer.
Gebetsried Herr Johann Jakob Maurus.
Huttenwang Herr Johann Martin Hiemer.
Klein-Remnat Herr Albert Scholl.
Lenterschach Herr Johann Evang. Ried, S. T. L.
Oberbeuren Herr Johann Joseph Hofer.
Oberdorf siehe Dechant.
Obertingau Herr Anton Buecher.
Osterzell Vikari Herr P. Joseph Fischer, Profeß in Rottenbuch.
Remnatsried Herr Franz Xav. Weinmiller.
Rettenbach Herr Christoph Lukas.
Ruderatshofen Herr Mang Bened. Blank.
Stetten Herr Lorenz Dold.
Sulzschneid Herr Franz Xaver Meichelböck.
Thalhofen Herr Johann Kaspar Mößnang.
Untertingau Herr Johann Georg Wagner.
Wald Herr Johann Adam Kolmann.
Fruhmesser zu Oberdorf Herr Michael Fennenberg.

Fruh-

Fruhmesser zu Aitrang Herr Joh. Martin Gebler.
Fruhmesser zu Untertingau Herr Felix Karl Wirth.
Benef. zu Hetmanshofen, und Ottilienberg Herr Ulrich Däsch.

Landkapitel Oberroth.

Dechant Herr Ludwig Weickmann, Pfarrer zu Buch.
Kammerer Herr Johann Georg Schlampp Pfarrer zu Unterroth.
Babenhausen.
Buch siehe Dechant.
Christzertshofen Herr P. Meinrad Bärhart Profeß in Roggenburg.
Gannertshofen Herr Anton Rieger
Herrenstetten Herr Menrad Dopfer, S. T. B.
Jedesheim Herr Peter Baur.
Illeraichen Herr Johann Bapt. von Baltern, S. T. L.
Illerdissen Herr Johann Evang. Gebel.
Kellmünz Herr Christoph Hegelhammer.
Rettershausen Herr Franz Joseph Kaufmann.
Klosterbeuren Herr Joseph Anton Lauter.
Obenhausen Herr Joh. Georg Betz.
Oberroth Herr Rudolph Ignatz Eberle, SS. Th. Lic.
Osterberg Herr Johann Philipp Zöschinger.
Rennertshofen Herr P. Bernhard Kimmich, Profeß in Roggenburg.
Taffertshofen Herr P. Bartholomäus Profeß in Roggenburg.
Unteraichen Herr Johann Michael Hofgärtner.
Unterroth siehe Kammerer.
Winterrieder Herr Urban Baur.
Benef. zu Babenhausen Herr Johann Jakob Mayr.
Benef. zu Thannenhärtl Herr Godefried Sartor.
Benef. Erster zu Kirchhaßlach Herr Franz Jos. Baader.
Benef. Zweyter Herr Joseph Wörz.
Fruhmesser zu Babenhausen, und Benef. zu Weinrieden Herr Johann Nep. Christian.

Frühmesser zu Illerdissen Herr Peter Stempfle.
Frühmesser zu Klosterbeuren Herr Anton Horber.
Benef. und Schloßkaplan zu Illeraichen, Herr Joseph Rau.
Frühmesser zu Winterrieden Herr Johann Evang. Haselsteine.
Benef. zu Tieffenbach, Herr Johann Jakob Merk.
Frühmeß=Provisor zu Illeraichen, Herr Pfarrer allda.

Landkapitel Ottobeuren.

Dechant Herr Joseph Schedel, Pfarrer in Amendingen.
Kammerer Herr Joh. Ulrich Filser, Pfarrer in Rettenbach.
Altisried und Frechenried Herr Johann Rudolph Fröde.
Amendingen siehe Dechant.
Attenhausen Herr Jakob Neher.
Benningen Herr Theodor Aichele, S. T. L.
Bles Herr Jakob Miller.
Böhen Herr Anton Kellenmayr.
Boos Herr Johann Nep. Georg Stromayr, hochfürstl. kempt. geistl. Rath.
Burheim Herr Johann Michael Feh.
Dietershofen Herr Simpert Jakob Großpitsch.
Dietmansried Herr Johann Nep. Büren, SS. Th. & SS Can. Cand. hochfürstl. kempt. wirkl. geistl. Rath.
Eberspach Herr Philipp Mauch.
Egg Herr Joseph Fidel Abele.
Engetried Herr Franz Anton Baader, S. T. L. churpfalzbaierisch. geistl. Rath.
Erkheim. Herr Joseph Strobel, des heiligen Geist Ord. Proseß in Memmingen.
Günz Herr Johann Martin Geiger.
Haimertingen Herr Cajetan von Kolb.
Haltenwang Herr Franz Joseph Graf.

Hawang Herr Joseph Suiter.
Holzgünz Herr Peter Bartl, des H. Geist Ord. Profeß in Memmingen.
Hopferbach Herr Johann Evang. Wöhrle.
Illerbeuren Herr Patritius Saur.
Lachen Herr Franz Xaver Wöhrle.
Memmingen Herr Franz Hollmayr, des H. Geist Ord. Profeß allda.
Niederrieden Herr Fidelis Söhl, S. T. D.
Obergünzburg Anton Becherer
Oberlauben Herr Joseph Anton Stocker, hochfürstl. kempt. geistl. Rath.
Ottobeuren Herr P. Albert Reißer, Ord. St. Bened. Profeß allda.
Probstried Herr Johann de Deo Greiff.
Reicholzried Herr Wendelin Strehle.
Röttenbach siehe Kammerer.
Suntheim Herr Johann Beda Wagner.
Undrasried Herr Johann Michael Gotz.
Ungerhausen Herr Franz Xaver Chrismer.
Wohringen Herr Georg Joseph Brack.
Wolfartschwenden Herr Franz Joseph Tochtermann.
Wösterheim Herr Heinrich Wirth, des H. Geist Ord. Profeß in Memmingen.
Zell Herr Johann Georg Mayr.
Fruhmesser in Obergünzburg Herr Joh. Georg Zeller.
Fruhmesser zu Boos Her. Joh. Nep. Rausch.
Benef. zu Ronsperg Herr Joseph Pantal. Grettler.
Fruhmesser zu Krönburg Her. Patritius Saur.
Fruhmesser zu Heimertingen Herr Michael Miller.
Einige Pfarreyen so nicht unter dem Kapitel
Grünebach Herr Johann Nep. Georg Frey, auch Stiftsdechant allda.
Niderdorf ein Profeß von Ottobeuren.
Ottobeuren Reichsgotteshaus Pfarrer Titl. Herr Honorat Reichsprälat allda, mit einem Vikári.

Landkapitel Rain.

Dechant Herr Joseph Lang, SS. Th. Lic. hochf. augsburgischer geistlicher Rath, und Pfarrer zu Pöttmeß.
Rain-

Kammerer Herr Johann Michael Rädler, Churpfal[z]
baierischer geistl. Rath.
Buech Herr Johann Peter Störz.
Dilingen-Bayr Herr Michael Baur, S. T. L.
Ebenried Herr Joseph Gollwitzer.
Erxheim Herr Joseph Kopp. —
Gempsing Herr Georg Adam Mäyr.
Grimoldshausen Herr Johann Joseph Schiller.
Gundelstorf Herr Karl Ludwig Braun.
Handzell Herr Franz Paul Sutor, S. T. L.
Haselbach Herr Franz Joseph Winterle.
Holzheim Herr Joseph Konrad.
Holzkirch Herr Johann Bapt. Bott.
Illdorf Herr Kaspar Schlicker.
Langenmosen Herr Heinrich Obermayr.
Münster Herr Augustin Pracht.
Neukirch siehe Kammerer.
Oberpaur Herr Johann Evangelist Werner.
Osterzhausen Herr Johann Maximilian Enderle.
Ponsal Jakob Paul Iberer.
Pöttmeß siehe Dechant.
Rain Herr Ignatz Kiecher.
Sandizell Herr Franz Xav. Lang.
Scharn Provisor Herr Vinzenz Sailer.
Schnellmanskreit Provisor Herr Johann Matthias
  Keller auch Benef. zu St. Georg in Pettmeß.
Schönesberg Herr Johann Franz Sedelmayr.
Staudheim Herr Johann Joseph Ibscher.
Thierhaupten Vikari Herr P. Karl Auracher, Ord.
  St. Bened. der Zeit Prior allda.
Veldheim Herr Franz Salef. Nuzinger.
Walden Herr Johann Thomas Wilhelm.
Wisenbach Provisor Herr Simon Judas Thaddeus
  Fischer.
Benef. im Spital zu Rain, Herr Joseph Zingerle,
  SS. Th. & SS. Can. Cand.
Benef. Stemmerischer zu Rain, Herr Johann
  Georg Leiüfelder.
Benef. zu U. L. F. in Rain, Herr Georg Koch.

Benef. Modelmayrischer zu Rain, Herr Joseph Anton Adler.
Prediger und Benef. zu Rain, Herr Leonhard Zieglmayr.
Benef. zu St. Georg in Pöttmeß, siehe Schnellmanskrait.
Frühmesser in Pöttmeß, Herr Ferdinand Heckel
Benef. zu Gemsing, Herr Franz Xaver. Schmaß.
Frühmesser in Langenmosen, Herr Wilhem Alberti.
Benef. zu Etting, Herr Joseph Philipp Limbroner.
Benef. zu Wengen, Herr Sebastian Weiß.
Benef. zu Halspach, Herr Augustin Seidl.
Unterpaar Herr Johann Konrad Dieß.

Landkapitel Reitti.

Dechant Herr Johann Adam Schuler, Pfar. zu Biechelbach.
Kammerer Vakat.
Aschau und Wengle Herr Benedikt Ehrler, S. T. D.
Biechelbach siehe Dechant.
Breitenwang Herr Johann Jakob Zeller.
Elbigenalb Herr Franz Scholz.
Heiterwang Herr Franz Seraphikus Spippiller.
Holzgau Herr Joseph Strobl.
Thanheim Herr Gratian Gärtner.
Vilß Herr Joseph Anton Waßle, S. T. D.
    Kuraten.
Zu Elmo Herr Niklas Ulseß.
Zu Heselgern Herr Niklas Scheible.
Zu Hinterhornbach Herr Joseph Pütsch.
Zu Junkholz Herr Johann Hieronymus Fleisch.
Zu Binswang Herr Franz Jäger.
Zu Nesselwengle Herr Conrad Landes.
Zu Steeg Herr Joh. Eugen Kuen.
Zu Weißenbach Herr Johann Lumpper.
   Exponierte Beneficiaten.
Zu Forchach Herr Georg Michael Haltinger.
Zu Hegerau Franz Zeller.

Zu Kaysers P. Eugen Fetz.
Zu Holzgau Herr Joseph Wildanger.
Zu Oberbach Herr Gregor Lumpper.
Zu Schattwald Herr Philipp Frick.
Zu Stanzach Herr Franz Sales Claß.
Zu Stockach Herr Conrad Keller.
Zu Vorderhornbach Herr Eugen Hechenberger.

Exponirte Kapläne.
Zu Grähn Herr Johann Rieff.
Zu Lähn Herr Michael Schopp.

Vacirende Kapitularen.
Herr Joseph Zeller, frey resign. Pfarrer.
Herr Johann Falger.

Landkapitel Schongau.

Dechant Herr Franz Xaver Schmid, S.T.L. Pfarrer zu Kinsau

Kammerer Herr Anton Sebastian Ruef, SS. Th. Exam & Adprob. Pfarrer zu Soyen.

Altenstatt Herr Dominicus Strobl.

Brem Herr P. Ludolphus Schretter, ein Profeß. in Steingaden.

Hochenfurch ein Profeß. in Steingaden.

Kinsau siehe Dechant.

Niderhofen Herr Gabriel Auhorn.

Oepfach Herr Franz Textor, resignirt. Abt in Steingaden.

Schongau Herr Franz Xaver Sautermeister, SS. Th. Doct. Chur=Pfalzbairischer wirkl. geistl. Rath.

Soyen siehe Kammerer.

Steingaden Vikar Herr P. Hermann Joseph Schreyer, Prämonstrat.. Ord. Profeß. allda.

Trauggen Herr P. Ludwig Gruber, Profeß. in Steingaden.

Waltenhofen Herr Joh. Bapt. Schwaiger.

Benef. zu Niederhofen Herr Martin Ruepp.

Benef. zu Schwangau Herr Joh. Kaspar Jocher.

Benef. zu Schongau Herr Ferdinad Kollmann.

Benef. zweyter Herr Aegidius Berchtold.

Landkapitel Schwabhausen.

Dechant Herr Johann Michael von Werner auf Grasenried, Pfarrer zu Benzingen.
Kammerer Herr Joh. Nepomuck Burkhard, zu Geltendorf.
Benzingen siehe Dechant.
Bergen Provisor Herr Franz Xav. Kapfer.
Betzenhausen Herr Bernhard Bayr.
Beurbach Herr Benedikt Bäck.
Epfenhausen Herr Barttholomä Niklas Erhart.
Eresing Herr Marin Huber.
Geltendorf siehe Kammerer.
Geretshausen Herr Joseph Sießmayr.
Hausen Herr Franz Xaver Kipfinger.
Kaufferingen Herr Franz Xaver Heiß.
Morenweiß Herr Anton Ruech.
Scheiring Herr Vikari P. Michael Nest, Profeß. in Schestiarn
Schondorf Herr Dominikus Eibl.
Schwabhausen Herr Johann Michael Lutzenberger.
Türkenfeld Herr Nikolaus Epp.
Utting Herr Ignatz Rauschmayr.
Walleshausen Vikari Herr P. Johann Nepomuck Deisenberger, ein Profeß. in Pollingen.
Weyl Herr Joseph Kopp.
Benef. zu Scheiring Herr P. Benno Piendel, Profeß. in Schestlarn.
Benef. in Windach Herr Rasso Lutzenberger.

Landkapitel Schwabmünching.

Dechant Herr Anton Krätz, Not. Apost. Pfarrer in Lamatingen.
Kammerer Herr Hieronymus Linder, Pfarrer in Kleinaltingen.

Aitingen-Groß Herr Johann Georg Buchfelder, erster Assistent.
Aitingen-Klein siehe Kammerer.
Bobingen Herr Anton Weckerle.
Buchloe Herr Joseph Käßel.
Dillishausen Herr Franz Xaver Haugg, zweyter Assistent.
Erpftingen Herr Cölestin Sießmayr.
Erringen Herr Johann Michael Schober. J. U. L.
Graben Herr Anton Mayr.
Hiltenfingen Herr Georg Michael Jäger. O. T. A.
Holzhausen Herr P. Jakob Lacoplus Baur. Profeß. von Steingaden.
Hurlach Herr Anton Menhofer.
Jglingen-Ober Herr Franz Xaver Joseph Beck.
Jglingen-Unter Herr Matthäus Ziegler.
Kißighofen Groß Herr Franz Xaver Fischer.
Kißighofen-Klein Herr Johann Nepomuk Fereuseuer.
Lamatingen siehe Dechant.
Meitingen-Ober Herr Franz Xaver Wagner.
Meitingen-Unter Herr Andreas Mayerhofer.
Mühlhausen Herr P. Mansuet Mörwald regulirter Chorherr von Rottenbuch.
Ottmarshausen Herr Joseph Anton Messerer.
Schwabmünching Herr Johann Michael Schenk.
Wehringen Herr Joseph Anton Knoppich.
Westererringen und Gennach Herr Johann Georg Strehler.
Fruhmesser zu Schwabmünching, Herr Albanus Dietmayr.
Fruhmesser zu Buchloe, Herr Johann Nepomuk Fischer.
Fruhmesser zu Großaitingen, Herr Joseph Lindenmayr.
Fruhmesser zu Bobingen Herr Johann Jos. Mibley.
Benef. zu Großkißighofen, Herr Karl Eschenlohr.
Kaplan im Zuchthause zu Buchloe, Herr Franz Anton Wagner.

Landkapitel Wallerstein.

Dechant Herr Jakob Schlecht, SS. Theol. Exam. & Adprob. Pfarrer zu Hochaltingen.
Kammerer Herr Theodosius Baumgratz, Pfarrer in Fremdingen.
Belzheim Herr Joseph Schmidtner.
Birkhausen Herr Johann Nepomuk Dölk.
Dirkenheim Herr Franz Anton Fischer.
Ehingen Herr Joseph Buchmayr.
Fremdingen siehe Kammerer.
Geißlingen Herr Anton Ulrich.
Hausen Herr Joh. Dominikus Bihlmayr.
Hochaltingen siehe Dechant.
Kerkingen Herr Franz Anton Erhard.
Laub Herr Joseph Han.
Mayingen Herr Joseph Ziegelmayr.
Munningen Herr Anton Schöppler.
Munzingen Herr Aloysius Braun.
Nordhausen Herr Johann Michael Rhodius, T. O. A.
Offingen, oder Marktoffingen Herr Franz Xaver Mayr.
Oettingen Stadtpfarr-Provisor, Herr Johann Nepomuk Baumhauer.
Pflaunloch Herr Joseph Max. Weininger.
Raustetten Herr Augustin Högner.
Rielingstetten Herr Ludwig Schürer.
Schneidheim Herr Johann Schmieg.
Sechtenhausen Herr Christoph Pröschl.
Thanhausen Herr Ulrich Demmel, SS. Th. Exam. & Adprob.
Utzwingen Herr Ulrich Mayr.
Wallerstein Herr Valentin Franz Xaver Riegger.
Wessingen Herr Anton Steinheber.
Zipplingen Herr Joseph Köhle.
Zöbingen Herr Franz Peter Prechtel, hochfürstl. Ellwangisch. geistl. Rath.
Benef. und Beichtvater zu Fremdingen, Herr Joseph Bolster.

Benef.

Benef. des Spitals, und Pfleger desselben zu
Hochaltingen, Herr Peter Fridl.
Frühmesser zu Marktoffingen, Hr. Jos. Frankenreiter
Curat zu Schopfloch Herr Franz Xav. Hopfenzitz.

Landkapitel Weilheim.

Dechant Herr Stanislaus Kaiser, SS. Th. Lic
hochfürst. augsb geistl. Rath u. Pfarrer zu Seehausen
Kammerer Herr Philipp Jakob Deissenhofer, Stadt
pfarrer zu Weilheim und Wielenbach.
Antdorf Herr Franz Sales Niederauer.
Ayndling Herr Peter Hois.
Beisenberg-Unter Herr Aldobrand Gebhart, regulierter Chorherr in Pollingen.
Benedictbeuren Vikari Herr P. Innocent Ladurner
Ord. St. Bened. Profeß. allda.
Berg Vikari, regulirter Chorherr in Pollingen.
Bernried Vikari Herr Remigius Resch, regulirter
Chorherr allda.
Deutenhausen ein regul. Chorherr in Pollingen.
Diessen Vikari Herr Hieronymus Ritter, regulirter
Chorherr allda.
Dirrenhausen Herr Joseph Anton Steigenberger
zu Habach.
Ebersing Vikari Herr Philipp Feuchtmayr, regulirt.
Chorherr in Pollingen.
Eglfing Herr Matthias Breittenberger.
Eschenloe Vikari Herr P. Nonosus Mayr, Ord. St.
Bened. Profeß. in Ettal.
Etting Vikari ein regulirter Chorherr in Pollingen.
Habach Herr Jakob Ertl, Stiftdechant allda.
Haunshofen Vikari ein regul. Chorherr in Bernried.
Hausen-Unter Herr Ignatz Manz.
Hausen-Ober Vikari wie oben in Berg.
Hechendorf Herr Franz Xaver Kuile, Chorherr in
Habach.
Hofheim Herr Johann Nepomuk Walser, Chorherr
in Habach.
Huglfing Herr Joseph Widemann.
Jenhausen Vikari ein regul. Chorherr in Bernried.

Isdorf Vikari Herr P. Cölestin Lim, Ord. St. Bened. Profeß. in Weßbronn
Kochel Vikari Herr P. Heinrich Burkhard, Ord. St. Bened. Profeß. in Benedictbeuren.
Magnetsried Vikari wie oben in Jenhausen.
Marenbach Vikari wie oben in Deutenhausen.
Murnau Herr Franz Xaver Freund.
Oberting Vikari ein regul. Chorherr in Pollingen.
Pähl Herr Simon Förg, SS. Th. Lic.
Polling Vikari ein regul. Chorherr allda.
Raisting Herr.
Riegsee Herr Johann Baptist Floßmann, Chorherr in Habach.
Sechering Herr Johann Baptist Schreder.
Seehausen am Saffelsee, siehe Dechant.
Seeshaupt Vikari ein regul. Chorherr in Bernried.
Sindelsdorf Herr Augustin Puchner, Chorherr zu Habach.
Spatzenhausen Vikari ein regulirter Chorherr zu Pollingen.
Uffing Herr Michael Lukas, SS. Th. Cand.
Weilheim siehe Kammerer.
Fruhmesser zu Weilheim, Herr Johann Kaiser, auch Benef. im Spital allda.
Benef. und Kaplan, Herr Benedict Wörle.
St. Pölten zu Weilheim, Herr Janatz Raffner
Benef. zu Weilenbach Herr Benedikt Nutzinger.
Wittelshofen Vikarius ein regulierter Chorherr zu Pollingen.
Fruhmesser auf dem Betssenberg, ein regulierter Chorherr in Pollingen.
Benef. im Spital zu Weilheim, siehe Fruhmesser allda.

Landkapitel Weissenhorn.

Dechant Herr Dominikus Kaiffl, SS. Th. Exam. & Adprob. Stadtpfarrer in Weissenhorn
Kammerer Herr Johann Sebastian Betzler, Pfarrer zu Aufheim.
Attenhofen Herr Anton Hörmann.

Aufheim siehe Kammerer.
Bellenberg Herr Johann Heinrich Treulieb.
Bibern Herr P. Philipp Schafheitel, Proseß. in Roggenburg.
Biberberg und Wallenhausen, siehe unten.
Biberzell Herr Johann Georg Arzt.
Bühl Herr Fidel Stigele.
Braithenthal Herr P. Bernhard, Proseß. von Roggenburg.
Bubenhausen Herr Karl Schwarz.
Falheim Herr Franz Xaver Christmann, S. T. D.
Finningen Herr Anton Joachim Haupt.
Högelhofen Herr Franz Karl Wirth, erster Assistens.
Holzheim Herr Anton Stetter.
Illerberg Herr Christoph von und zu Zwerger, SS. Th. & SS. Can. D. hochf. konstanz. geistl. Rath.
Illerzell Herr Franz Borgias Joseph Winklin.
Oberhausen Herr Karl Joseph Heinrich Burger.
Oberreichenbach Herr Kajetan Kircher.
Pfaffenhofen Herr Joseph Thomas Sprenger.
Roggenburg Titl. Herr Thaddäus des Reichs-Gotteshauses in Roggenburg Prälat.
Vikarius ein Proseß daselbst.
Vikarius zu Ingstetten, Herr Franz Sales Franz ein Proseß von Roggenburg.
Wallfahrt Schüssen, Herr P. Friderich Superior, ein Proseß von Roggenburg.
Vikarius zu Meßhofen, Herr P. Mathäus Bezet, Proseß. in Roggenburg.
Straß Herr Anton Miller, zwepter Assistens.
Döringen Herr Bernhard Gsöll.
Wallenhausen und Biberberg Provisor, Herr P. Joachim Proseß in Roggenburg.
Weissenhorn siehe Dechant.
Wullenstetten Herr Franz Xaver Wocher.
Prediger und Benefic. zum H. Geist Spital in Weissenhorn, Herr Pfarrer in Höglhofen.
Benef. zu Grafertshofen, Herr Pfarrer z. Bubenhausen.
Benef. zu St. Leonhard in Weissenhorn, Herr Joseph Brixger.

Fruhmesser zu Weissenhorn, Herr Joseph Stiegele.
Benef. und Spitalkaplan, Herr Franz Premauer
Benef. zu Beuren, Herr Anton Gropper.
Fruhmesser zu Pfaffenhofen, Herr Anton Wolf.
Fruhmiesser zu Illerberg, Herr Franz Borgias Winklin.
Fruhmesser zu Holzheim, Herr Johann Michael Burger.
Fruhmesser zu Wullenstätten und
Benef. Erster zu Witzighausen Herr Anton Schneider.
Benef. Zweyter allda Herr Anton Wolf.
Benef. zu Cadelzhofen Herr Franz de Paula Baur.
Fruhmesser zu Bihel, Herr Johann Michael Atzeer.
Fruhmesser zu Wallenhausen, Herr P. Melchior, ein Profeß zu Roggenburg.
Benef. zu Senden, Herr Thaddäus Müller.

Landkapitel Wertingen.

Dechant Herr Wolfgang Jakob Schäffner, Pfarrr zu Zusamaltheim.
Kammerer Herr Anton Wanzer, Pfarrer zu Holzheim.
Altenbeint Herr Joseph Volauf.
Altenmünster Herr Anton Eser, SS. Th. & SS. Can. Cand.
Bayershofen Vikari Herr P. Magnus Endres, Profeß in Fultenbach.
Binswangen Herr Franz de Paula Bunck.
Blienspach Herr Franz Xav. Jedermann.
Bretletshofen Herr Joseph Heinrich Vogl.
Ellerbach Vikari Herr P. Sebastian Erdenreicher, Profeß in Fultenbach.
Emersacker Herr Jakob Gallus Schönheit.
Frauenstetten Herr Ignatz Sigmund Kellner.
Gottmanshofen Herr Alban Mindler, SS. Th. Exam. & Approb.
Hegnenbach Herr Franz Xav. Wagner.
Holzheim siehe Kammerer.
Laugna Herr Johann Baptist Enkerle.
Modelshausen Herr Johann Nepomuk Mayr.
Pfaffenhofen Herr Sebastian Dirrle.

Dillenbach Herr Franz Xav. Neuhaußer.
Welden Herr Johann Joseph Hafner.
Wengen Herr Johann Benedict Treffler.
Wertingen Herr Ignatz Wegmann.
Zusamaltheim siehe Dechant.
Zusamzell Vakat.
Benef. zu Hochenreichen, Herr Joh. Baptist Mehler, auch Benef. zu Aspach Kap. Wöstendorf.
Fruhmesser zu Wertingen, Herr Franz Ignatz Vogl.
Benef. der Mittelmeß allda Herr Thomas Wegner.
Fruhmesser zu Laugna Herr Nikolaus Graf.
Benef. zu Riedsend, Titl. Herr Joseph Maria Wilhelm Anton von Speth, Freyherr von Zwyfalten ꝛc.
Benef. zu Ober- und Unter-Thirrheim, Herr Joseph Keller.
Fruhmesser zu Holzen, Herr Joh. Michael Dembarter.
Fruhmesser zu Weissingen, Herr Franz von Paula Bautenbacher.
Fruhmesser zu Welden Herr Carl von Auffenberg, SS. Th. & SS. Can. Lic.
Fruhmesser zu Zusamaltheim, Herr Joseph Hitzler.
Fruhmesser zu Eppisburg, Herr
Benef. zu Emersacker, Herr Ignatz Bruckberg.
Benef. zu Neuleblang, Herr Joseph Ignatz Hossteter

Landkapitel Wöstendorf.

Dechant Herr Johann Nepomuk Bautenbacher, Pfarrer in Hirschbach.
Kammerer Herr Franz Xav. Mayr, Pfarrer zu Treisheim SS. Th. Bac.
Affaltern oder Apfeltrach, und Salmanshofen, Herr Franz Xaver Berger.
Altmanshofen Herr Franz Anton Bratsch.
Aspach Herr Basil. Fridl.
Arheim Herr Joseph Eisele.
Biberbach Herr Franz Ignatz Eisenmenger.
Ehingen Herr P. Roman Maurer, Ord. St. Bened. Profeß in Benedicteuren.
Gablingen Herr Johann Martin Schwarz.
Ginderkingen Herr Andre Ferber.

Herbertshofen und Ehekirch, Herr Andreas Lattermann.
Heretsried Herr Karl Mittelholzer.
Hirschbach siehe Dechant.
Langenreichen Herr Franz Michael Henle.
Langweid Herr Andre Häufl.
Lauterbach Herr Jakob Lechner, Deutsch Ordens Priester.
Lauterbrunn Herr Ignaz Lorenz.
Lützelburg Herr Johann Baptist Frings.
Mertingen Herr Friederich Baur, SS. Th. Lic.
Oberdorf Herr Franz Anton Brugger, SS. Th. Lic. hochfürstl. augsb. und Ellwang. geistl. Rath.
Osterbuch Herr Joseph Zacherl, Assistens.
Oresheim Herr Balthasar Unsinn, Assistens.
Treisbeim siehe Kammerer.
Westendorf Herr Franz Xaver Kucher, S. T. D. Ex-Decan.
Benef. Röschischer zum H. Kreuz in Biberbach Herr Sebastian Spindler.
Benef. zu Aspach, Herr Johann Baptist Mehler.
Benef. zu Ellgau, Herr Franz Anton Eder.
Benef. Buttenwisen, Herr Sebastian Lauth.
Frühmesser zu Mertingen, Hr Joh. Math Minderer.
Benef. zu Klosterholzen, Herr Joseph Zacherl.

Verzeichniß

wie die kaiserlichen Posten in der Hochfürstl. Residenzstadt Dillingen ankommen, und widerum abgehen.

Ankommende Posten.

Sonntags Fruhe.

Von Augsburg, München, aus Bayern, aus Salzburg, Regensburg, Passau, Linz, Wien, aus ganz Oesterreich. Item von Donauwörth, Neuburg, Ingolstadt, Eichstädt, von Prag, aus ganz Böhmen und Schlesien, Dreßden, und Berlin, aus den sächs- und preußischen Landen, aus Pohlen, Hungarn 2c. 2c. Dann von Nürnberg, Bamberg, Würzburg, aus Franken.

Eodem von Mindelheim, Memmingen, Costanz, Lindau, aus dem Allgäu, und von Bodensee, von Canstatt, Stuttgart, Heilbrunn, Mannheim, Heidelberg, Darmstadt, Frankfurt, Maynz, Coblenz, Trier, Cölln, Achen, Lüttich, aus den Niederlanden, aus Westphalen, Holl- und Engeland, 2c. 2c.

Eodem von Ulm, Günzburg, Elchingen, Ehingen, Riedlingen, und der Orten.

Eodem von Ellwang, Dinkelspiel, Schwäbischgmünd Frankfurt, aus denen Niederlanden.

Montags Morgens.

Von Augsburg, München, aus Bayeren, von Salzburg, Wien, und Regensburg, 2c.

Eodem von Ulm, 2c.

Eodem Nachts von Augsburg, 2c. Aus dem Tyrol, und Italien, 2c.

Dienstags Morgens.

Von Ulm, Riedlingen, Ehingen, Wangen, Schafhausen, aus der Schweitz, Weingarten, Biberach, Ravensburg, Memmingen, 2c. Aus dem Allgäu, und von den Bodensee.

Dann

Dann von Canstadt, Stuttgart, Heilbron, Worms Speyer, Manheim, von Rothweil, aus dem Schwarzwald, ꝛc.
Eodem von Straßburg ꝛc. Aus dem Elsaß, ganz Frankreich, von Nördlingen, Oettingen, aus dem Rieß.

Mittwoch Fruhe.
Von Elwang, Aalen, Schwäbischgmünd, Dinkelspühl, von Frankfurt, Trier, Cölln, aus den Niederlanden.

Freytags Fruhe.
Von Augsburg, München, Freysingen, aus Bayern, von Donauwörth, Neuburg ꝛc. ꝛc. von Salzburg, Regensburg, Wien, ꝛc. ꝛc.
Aus ganz Oesterreich, Hungarn, Pohlen, Sachsen, und brandenburgischen Landen, ꝛc.

Mittags,
Von Ulm, Ehingen, Schafhausen, aus der Schweitz, von Straßburg ꝛc. Aus dem Elsaß, von den oberrheinisch- und baadischen Landen, aus Frankreich.
Eodem von Canstadt, Stuttgardt, Mannheim, Heidelberg, aus der untern Pfalz.
Eodem von Nördlingen, Oettingen, aus dem Rieß. Von allen Orten, wie am Dienstag.

Nachts.
Mehrmalen von Augsburg ꝛc. von München, Innsbruck, ꝛc. aus Tyrol, Italien, Venedig, Genua, Neapel, ꝛc.

Abgehende Posten.
Sonntas um 2. Uhr Nachmittag.
Nach Augsburg, München, in ganz Baiern, nach Salzburg, Regensburg, Passau, Linz, Wien, in ganz Oesterreich, in Hungarn, Pohlen, ꝛc.

Eodem um 3. Uhr.
Nach Ulm, Ehingen, Riedlingen, Biberach, Tetnang, Waldsee, Weingarten, Schaffhausen, Mengen, Mößkirch, ꝛc. ꝛc. In die ganze Schweitz. Nach Memmingen, Lindau, Costanz, Mößlirch, St. Gallen am Bodensee, und in das Algäu, ꝛc. ꝛc.

Eodem

Eodem nach Canstadt, Stuttgart Eßlingen, Tübingen Rottenburg, Durlach, Baaden, in das Würtenbergische, nach Mannheim, Heilbrunn, Worms, Speyer Darmstatt, Frankfurt, Maynz, Coblenz, Ehrenbreitstein Trier, Cölln, Paderborn, Münster, Wezlar, Cassel in die heßische Land, ꝛc. ꝛc. Nach Luxenburg, Brüssel, Lüttich, Aachen, Löwen: in die Niederlande, Holl und Engeland. Item nach Nürnberg, Würzburg, in ganz Franken, nach Erfurt, in das Thüringische. Nach Dreßden, Berlin, ꝛc. in die sächs- und brandenburgische Land, nach Hamburg, Bremen, ꝛc. nach Oettingen, Nördlingen, Wallerstein, in das Ries.

Montags gegen 5. Uhr Nachmittag.

Nach Ellwang, Dischingen, Aalen, Schwäbischgmünd, Dinkelspühl und selbiger Orten. Nach Frankfurt, Aschaffenburg, Hanau, Darmstatt, Mannheim Maynz, Trier, Cölln, in die Niederlande, Holl- und Engeland, nach Stuttgart, Canstatt, Heilbronn, in das Würtembergische.

Dienstag Abends.

Nach Augsburg, München, Freysingen, in ganz Baiern, noch Salzburg, Regensburg Passau, Linz, Wien, ꝛc. in ganz Oesterreich, Steuermark Carnthen ꝛc. Hungarn, Pohlen, nacher Prag, Eger, in Böhmen, ꝛc nach Breslau, ꝛc. in ganz Schlesien, nach Leipzig, Dreßden, Berlin, Hannover, Hessencassel, in die sächsisch-brandenburg-heßische Lande, ꝛc.

Nach Innsbruck, Botzen, Füssen, in ganz Tyrol, nach Trient, Mayland, Parma, Rom, Neapel, in ganz Italien, in das Venetianische.

Nach Nürnberg, Würzburg, Bamberg, in ganz Franken: Item nach Mindelheim, Memmingen, Kempten, Isny, Mörzburg, Lindau, Costanz am Bodensee, in das Algäu. Nach Donauwörth, Neuburg, Eichstätt, Mannheim, Dietfurth, ꝛc.

Eodem.

Nach Ulm, Ehingen, Riedlingen, Mengen, Mößkirch, Ravensburg, Weingarten, in die ganze Schweiz.

nach Canstadt, Suttgart, Heilbronn, in die würtember-
gisch- und baadische Lande. Nach Mannheim, Frankfurt, Maynz, Trier, Cölln, Darmstadt, ꝛc. wie am
Sonntag.

Donnerstag um 5. Uhr Nachmittag.

nach Augsburg, München, in Bayern, nach Salzburg,
Regensburg, Linz, Wien, ꝛc. Item nach Mindelheim
Memmingen, Kempten, Eichstädt, Lindau, Mörsburg
Costanz, St. Gallen.

Eodem.

Zu gleicher Zeit nach Ulm, ꝛc. ꝛc. Canstatt, Heilbronn,
Mannheim, Frankfurt, Maynz, Darmstadt, Cölln. Item
nach Nördlingen, Oettingen, Nürnberg, Bamberg,
Würzburg, in ganz Franken, Sachsen, und Böhmen, ꝛc.

Freytags gegen 3. Uhr.

nach Ellwang, Dinkelspühl, Schwäbischgmünd, Frankfurt, Darmstadt, Cölln, in die Niederlande, Holl- und
Engelaud, wie am Montag.

Samstag um 3. Uhr Nachmittag.

Nach Augsburg, München, Freysingen, Landshut in ganz
Bayern. Nach Regensburg, Passau, Linz, Wien, ganz
Oesterreich, ꝛc. Nach Donauwörth, Neuburg, Eichstädt.
Nach Salzburg, in dortige Lande. Nach Nürnberg,
Monheim, Bamberg, Würzburg in Franken. Item nach
Prag, ganz Böhmen, nach Breßlau, Schlesien, nach
Dreßden, Leipzig, ganz Sachsen, Berlin, in die branden-
burgische Landen, nacher Hungarn, Pohlen, Moscau,
Schweden, Dännemark, ꝛc.

Eodem.

Zu gleicher Zeit nach Ulm, Elchingen, und selbiger Orten.
Item nach Canstadt, Stuttgart, Baaden, Mannheim,
Darmstadt, Frankfurt, Trier, Cölln. Dann nach Min-
delheim, Memmingen, Wangen, Lindau, Costanz,
Mörspurg am Bodensee, und ins Algäu.

Nachts.

abermalen nach Augsburg, München, Wien, ꝛc. ꝛc. Nach
Innsbruck, Bötzen, Trient, Mayland, Parma, Mantua, Venedig, Genua, Neapel, ganz Tyrol und Italien.

Verzeichniß
Wie die Posten bey dem Kaiserlichen Reichs Oberpostamt Augsburg ankommen, und wider abgehen.

Kommet an, Sontags und Mitwoch Vormittag

Von Engel-Holl- und Niderland, Mergenthal, Dinkelspühl, Craylsheim.

Gehet ab Montag u. Freytag Mittag um 11. Uhr.

Kommet an, Sontag, Mittwoch, Donnerstag. Vormittag u. Montag Abends.

Elwang, Schwäbischgmünd, Aalen.

Gehet ab, Montag, Freytag Mittag um 11 Uhr Samstag Nachmittag 2 Uhr.

Kommet an, Sontag, Montag, Mittwoch, Freytag, Samstag Vormittag.

Von Dilingen, Lauingen, Gundelfingen, Höchstätt, Wertingen, Binswangen, an den beederseits unterstrichenen Tägen.

Gehet ab Sonntag, Samstag Nachmittag 4 Uhr Montag, Freytag Mittag 11 Uhr, Donnerstag Abends um 6. Uhr.

Kommet an, Sonntags, Mittwoch Frühe.

Von Braunau, Altöttingen, Landshut, ganz Unterbaiern.

Gehet ab, Montag, Donnerstag Abends 6 Uhr.

Kommet an, Sonntag, Dienstag, Freytag, Samstag Vormittag.

Von Schaffhausen, ganz Schweizerland, Waldstätten, Radolphzell, Reichenau, Oeningen, Stein am Rhein, Diesenhofen, Wangen am Stein, Bodmann, Langen, Rein, Hochenwil, Uiberlingen, Stockach, Salmansweil, Heiligenberg, Mörsburg, Constanz, Ravensburg,

burg, Weingarten, Königseck, Waldsee, Aulendorf, Altshausen, Wurzach.
Gehet ab, Sontag, Dienstag, Mittwoch Freytag Mittag um 12 Uhr.

Kommet an, Sonntag, Montag, Samstag Vormittag, Mittwoch Abends.
Von St. Gallen, Roschach, Arbon, Bregenz, Feldkirch Chur, Graubünden, Lindau, Langenargen, Buchhorn, Wasserburg, Wangen, Leitkirch, Zeil, Kisleck.
Gehet ab, Sonntag, Dienstag, Samstag, Mittag 12 Uhr, Donnerstag Abends 6 Uhr.

Kommet an, Sontag, Montag, Dienstag, Donerstag, Samstag Vormittag, Mittwoch Abends.
Von Türkheim, Kirchheim, Pfaffenhausen, Mindelheim, Memmingen, Biberach, Buchau, Ochsenhausen, Ottobeyren, Boos, Babenhausen, Burheim, Cronburg, Grönebach, Kempten.
Gehet ab, Sontag, Dienstag, Mittwoch, Freytag Samstag Mittag um 12 Uhr.

Kommet an, Sontag, Montag, Mittwoch, Donnerstag Vormittag.
Von Nördlingen, Wallerstein, Bopfingen, Deckingen Utzingen.
Gehet ab, Sontag, Dienstag, Mittwoch, Samstag Mittag 11 Uhr, Donnerstag Abends 6 Uhr.

Kommet an, Montag, Freytag Vormittag und Montag Abends.
Von Heydenheim, Königsbrunn, Giengen.

Gehet ab, Sontag, Mittwoch Nachmittag 4 Uhr, Samstag Nachmittag 2 Uhr.
Kommet an, Montag, Dienstag, Donnerstag, Samstag Vormittag.

Von

Von Kaufbeuren, Irrsee.
Obergünzburg, Buchloe, an den beederseits unterstrichenen Tägen.
Gehet ab, Dienstag, Samstag Mittag 12 Uhr,
Donnerstag Abends 6 Uhr.

Kommet an, Montag, Freytag Vormittag.
Von Füssen, Hohenschwangau, Reiti, Insbruck, Hall, Schwatz, Brunecken, Brixen, Botzen, ganz Tyrol, Trient, Verona, Venedig, Mantua, Mayland, Genua, Turin, Florenz, Livorno, Rom, Neapel, ganz Italien.
Kommet an, Montag, Donnerstag Vormittag
Von Landsberg, Rauchenlechsberg, Asch, Ober-Iglingen.
Gehet ab, Sontag, Mittwoch, Mittag um 11 Uhr.

Kommet an, Montag, Donnerstag, Samstag Vormittag, Mittwoch Abends.
Von Isny, Trauchburg.
Gehet ab, Sontag, Dienstag, Samstag Mittag 12 Uhr, Donnerstag Abends 6 Uhr.

Kommet an, Montag, Dienstag, Mittwoch, Freytag Mittag.
Von Voigtland, ganz Ober- und Nider-Sachsen, Thüringen, Braunschweig, Hannover, Brandenburg Preussen, Moscau, Hamburg, Mecklenburg, Hollstein und den Nordischen Quartieren.
Gehet ab, Sonntag, Montag, Donnerstag, Freytag Mittag 11 Uhr.

Kommet an, Dienstag, Freytag Vormittag.
Von Villingen, Doneschingen, Hüfingen, Breitlingen, Dutlingen, Mühlheim an der Donau, Rothweil

Rot-

Rottenmünster, Speichingen, Möskirch, Mengen, Scheer, Sulgau, Riedlingen, Marchthal, Ehingen, Zwyfalten, Sigmaringen, Munderkingen, Erbach, Freyburg, ganz Breysgau, Gengebach, Geroltseck, Zell, Hamersbach, Haslach, Rippelsau, Hausach, Kitzingerthal, Hornberg, Schramberg, Trieberg.
Gehet ab, Sonntag, Freytag, Mittag.
um 4 Uhr.

Kommet an, Dienstag, Freytag, Mittag.
Von Oettingen, Wassertrüding, Günzenhausen.
Gehet ab, Sonntag, Dienstag, Donnerstag Mittag 11 Uhr, Donerstag Abends
um 6 Uhr.

Kommet an, Dienstag Samstag
Nachmittag.
Von Prag, ganz Böhmen, Schlesien, und Pohlen.
Gehet ab, Sonntag, Mittwoch Mittag
um 11 Uhr.

Kommet an, Mittwoch, Samstag
Fruhe.
Von Salzburg, Hallein, Bergtolsgaben, Titmaning Gastein, ganz Salzburger Land.
Gehet ab, Sonntag, Dienstag, Mittwoch, Freytag Nachmittag 4 Uhr.

Mittag.
Von Wemdingen.
Gehet ab, Montag, Donnerstag
Mittag 11 Uhr.

Kommet an, Mittwoch Mittags.
Von Venedig, Trient, Botzen, Innsbruck, Füssen, aber NB. nur nach Innsbruck allein.
Gehet ab, Freytag Nachmittag 4. Uhr.

Kom=

Kommet an, alle Tag Mittags.

Von Donauwörth, Neuburg, Harburg, Kaisersheim, Monheim, Dietfurt, Pappenheim, Weisenburg, Ellingen, Bleinfeld, Roth, Schwabach, Nürnberg, Erlangen Bamberg, Würzburg, ganz Frankenland, und Hessen.

Gehet ab, Mittag 11 Uhr.

Kommet an Nachmittag.

Von Aichach, Schramhausen, Waidhofen, Neustatt, Geissenfeld, Ingolstatt, Kelheim, Saal, Regensburg, Straubingen, Passau, Linz, Wien, Preßburg, ganz Oesterreich und Ungarn.

Gehet ab, Mittag 11 Uhr.

Kommet an, Vormittag.

Von Günzburg, Wettenhausen, Ulm, Elchingen, Westerstetten, Geißlingen, Göppingen, Eßlingen, Canstatt, Stutgart, ganz Würtemberg, Bruchsal, Durlach, Rastatt, Kehl, Straßburg, Paris, Heilbronn, Heidelberg, Mannheim, Speyer, Darmstadt, Frankfurt, Maynz, Luxenburg, Coblenz, Bonn, Münster, Westphalen, Cöln, Aachen, Brüssel, ganz Brabant.

Gehet ab, Nachmittag 4 Uhr.

Kommet an Vormittag.

Von Schwabhausen, Tachau, München, Freysingen, ganz Bayrn.

Gehet ab Nachmittag 4 Uhr.
Montag und Donnerstag aber Abends 6 Uhr

Verzeichniß der fahrenden Posten.

Gehen ab, Montag und Donnerstag Morgens
Nach Nürnberg, Bamberg, Coburg, Leipzig, Dreßden, Hamburg, Berlin, Item nach Würzburg, Frankfurt, Cöln. Uiber Donauwörth, Weisenburg, Schwabach. Item nach Regensburg.
Kommet an Montag und Freytag Nachts.

Gehet ab, Dienstag Frühe.
Nach München, Wasserburg, Salzburg, Landshut.
Kommet an Mittwoch Frühe.

Gehet ab Mittwoch Morgens.
Nach Ulm, Stutgart, Bruchsal, Heidelberg, Darmstatt, Frankfurt, Cölln, Mößkirch, Biberach, Doneschingen, Villingen, Offenburg, Straßburg, Freyburg, Basel, Schafhausen, und in die ganze Schweitz.
Kommet an Samstag Frühe.

Gehet ab Mittwoch Frühe.
Nach Buchloe, Kaufbeuren, Füssen, Insbruck, Brixen, Botzen, Trient, Roveredo, Ala, Verona, Venedig.
Kommet an Dienstag Abends.

Gehet ab Donnerstag Morgens.
Nach Nürnberg in ganz Franken, und Sachsen über Baireuth, Hof, wie Montags, Item nach Regensburg, Straubing, Passau, Amberg, Prag.
Kommet an Freytag Nachts.

Gehet ab Samstag Morgens.
Nach München, Altenöttingen, Braunau, Linz, Wien, in ganz Ungarn.
Kommet an Montag Frühe.

Ge-

Gehet ab Samstag Vormittag.
Nach Mindelheim, Memmingen, Leutkirch, Wangen, Lindau, combinirt mit den Mayländer, St. Galler, Bregenzer und andern Bothen.
Kommet an Donnerstag Fruhe.

Gehet ab, Samstag Nachmittag.
Nach Wertingen, Dilingen, Giengen, Heidenheim, Schwäbischgmünd, Schorndorf, Stutgart, Heilbronn, Oehringen, Ellwang, Dinkelspühl, Anspach, Item nach Frankfurt, Cölln, Amsterdam.
Kommet an Montag Nachts.

www.ingramcontent.com/pod-product-compliance
Lightning Source LLC
Chambersburg PA
CBHW020133170426
43199CB00010B/728